HAÏTI

et

SA BANQUE NATIONALE

TROISIÈME PARTIE

Il faut retrouver les voies [...]
perdues de notre avenir.

(LAMARTINE.)

Prix : 3 francs

PARIS

SOCIÉTÉ ANONYME
DE
IMPRIMERIE KUGELMANN
Rue de la Grange-Batelière, 14

EN VENTE
CHEZ
P. TAILLEFER
boulevard [...]

1896

HAÏTI

ET

SA BANQUE NATIONALE

FRÉDÉRIC MARCELIN

HAÏTI

ET

SA BANQUE NATIONALE

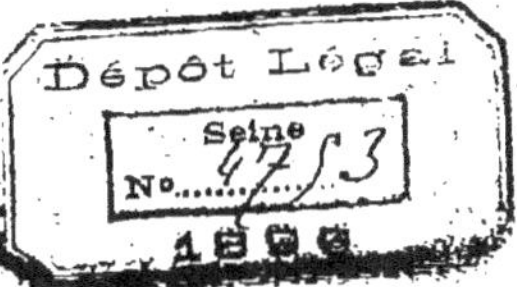

TROISIEME PARTIE

*Il faut retrouver les voies qui semblent
perdues de notre avenir.*

(EDMOND PAUL.)

Prix : 3 francs

PARIS

SOCIÉTÉ ANONYME	EN VENTE
DE	CHEZ
L'IMPRIMERIE KUGELMANN	P. TAILLEFER, libraire
12, rue de la Grange-Batelière, 12	67, boulevard Malesherbes, 67

1896

Il doit y avoir quelque part, dans notre pays, un Haïtien épris de vérité et de bon sens... Son âme clairvoyante ne contemple pas sans douleur ce convoi qui, rondement, mène à la culbute suprême les finances haïtiennes et notre autonomie.

Puisse-t-il, cet Haïtien, échappant aux tactiques, aux complaisances, aux pièges, entre le joyeux cortège et la fosse, se dresser à temps ! Qu'il soit président ou ministre, il n'aura pas assez du cordial le plus vigoureux pour ranimer la quasi-morte et inspirer confiance dans son rétablissement, car, hélas ! c'est la confiance qui manque.

D'avoir prévu cette débâcle, d'avoir essayé de l'empêcher, d'avoir résisté à l'ordonnateur des pompes funèbres qui, à cette époque, était notre parlementarisme (1), me donne le droit, si faible soit-il, de souhaiter cette résurrection.

Que ces pages aillent donc à l'inconnu qui, ministre ou président, fera triompher les doctrines économiques qui peuvent encore nous sauver !

F. M.

---

(1) Aujourd'hui, il n'en est plus de même : dans ce steeple-chase, c'est le cabinet qui paraît tenir le record.

La façon d'équilibrer le budget depuis deux ans est une des plus étonnantes trouvailles que l'esprit d'absurdité ait inventées. En 1895, quand on recourut à ce moyen (?), c'était passablement ridicule et enfantin. Mais que dire du budget de 1896-1897, qui fixe les recettes et les dépenses à $ 7,442,922.39, réservant soigneusement par l'article 3 le service de la Dette publique de $1,971,009.83, pour être réglé par des moyens extraordinaires, ce qui ramène le chiffre global à $9,500,000 gourdes ?

L'emprunt de fr. 50,000,000 est consommé, et de plus en plus on s'écarte de la vérité ! Dix millions de dollars, c'était pourtant suffisant, au moins pendant cette année, pour ramener l'équilibre dans le budget.

J'ai donné pour épigraphe à ce livre cette pensée d'un homme dont le rôle politique peut être discuté, mais dont le patriotisme était indiscutable : *Retrouver les voies perdues de notre avenir !*

Il semble qu'il n'y ait plus une minute à perdre pour entreprendre ce travail.

Depuis le 27 décembre 1894, date de la retraite du cabinet auquel j'ai appartenu, l'élévation de la dette publique, en Haïti, a été prodigieuse : de 18 millions (1) elle est montée à bien près de 29 ou 30 millions de dollars.

____

(1) On prend ici les chiffres mêmes de la Banque d'Haïti. Elle donne pour 1894 le total de la Dette à $ 19,037,130.31 ; mais il faut retirer de ce chiffre et les $ 700,000, bénéfice de la frappe métalli-

De la conversion de nos emprunts sur place en une dette extérieure de 50 millions de francs, presque pas un centime ne reste au crédit de l'État, les avances qui ont été consenties par la Banque Nationale d'Haïti ayant absorbé la quotité disponible et la couverture devenant bien étroite, pour les prêteurs, par la baisse des obligations qui, de 500 francs, ont été jusqu'à 350 francs.

Cette conversion, qui a augmenté ainsi notre dette extérieure, a-t-elle supprimé les emprunts sur place ? Loin de là. Le char de la banqueroute, au lieu d'avoir un seul coursier, possède aujourd'hui un attelage complet : nous allons au triple galop.

Notre dette flottante, — dont l'un des derniers emprunts a été fait à 12 0/0 d'intérêt remboursable en or, au pair, avec un change de 60 0/0 sur le papier-monnaie, — atteint près de 4 millions de dollars. Ilne reste plus rien de disponible sur nos droits d'exportation ; tout est de nouveau rengagé. Ce qui fait que le but de la conversion — qui était de dégager notre

---

que, et les $ 500,000, qui ne furent qu'une anticipation sur les recettes pour acquitter le mois de janvier 1895 à l'avance, ce qui ramène la Dette pour 1894 à $ 18,000.000.

Pour 1895, la Banque d'Haïti donne un total de $ 21,122,036.88. En retirant les $ 6,000,000 environ de la Dette flottante convertie, il reste $ 15,000,000, auxquelles il faut ajouter les 50 millions de francs de la nouvelle Dette extérieure, plus les nombreux emprunts sur place contractés depuis le 1er janvier 1896. On arrivera certainement à un total dépassant 29 millions de dollars.

Si on ajoute à ce chiffre éminemment respectable les mois dus aux employés publics, les ordonnances impayées, les déficits budgétaires s'accumulant les uns sur les autres, on se demande si les craintes de ceux qui parlent du papier-monnaie et d'une nouvelle conversion forcée ne sont pas des plus fondées.

exportation et de supprimer les emprunts sur place — est complètement manqué.

Nous avons aujourd'hui une dette intérieure presque égale à celle récemment convertie, avec, en plus, une dette extérieure nouvelle de 50 millions de francs.

Nos droits d'exportation sont de nouveau intégralement hypothéqués.

Les emprunts sur place — papier au pair contre or — et qui sont très loin d'être versés intégralement en espèces, se capitalisent à des taux d'intérêt fantastique si on calcule le change du papier-monnaie aux époques de leurs émissions.

Enfin, les ordonnances sont impayées et les appointements publics très irrégulièrement servis. — D'où, de ce chef, une énorme et nouvelle augmentation de la dette flottante, — sans doute plusieurs nouveaux millions.

A quoi faut-il attribuer ce désarroi ?

Il y a une cause morale qui, pour avoir été violée, n'a pas manqué de produire ses effets immédiats : avant de s'adresser au capital étranger, on n'a pas rompu avec les prodigalités et marqué la virile résolution de proscrire le gaspillage (1). Si on l'avait fait,

---

(1) *Département des Finances et du Commerce d'Haïti*, page 13 :
« Aussi, ma préoccupation fut, durant mon passage au ministère, d'essayer de diminuer le taux de l'intérêt sur place et d'arriver à nous ouvrir le marché des capitaux en Europe. J'appelai par tous les moyens en mon pouvoir l'attention des capitalistes à l'étranger sur le crédit d'Haïti. C'est ainsi que les obligations de notre Dette extérieure, qui étaient à 160 francs quand j'arrivai aux affaires, avaient atteint le taux de 250 francs quand je les quittai et furent admises à la cote officielle de la Bourse de Paris. Notre crédit se capitalisait donc au taux de 6 0/0 à l'étranger et

si peu que ce fût, on aurait inspiré confiance et l'emprunt de 50 millions de francs eût été couvert plusieurs fois. Cette conduite aurait convaincu les plus incrédules que nous étions sérieux et que nous faisions une opération honnête et moralisatrice de nos finances. Une marche diamétralement opposée fut malheureusement suivie. Dans les quelques mois qui précédèrent l'émission, sous l'excitation de certains appétits, les emprunts locaux se multiplièrent et se succédèrent rapidement. Jamais il n'y en eut tant dans un si court espace. C'était le service accéléré et pressé dans

---

nous payions 15 et 18 0/0 sur place! De nombreuses propositions d'emprunt furent faites, à cette occasion, au gouvernement, propositions permettant une conversion avantageuse de notre Dette flottante. Dans mes différents rapports aux Chambres, j'appelai plusieurs fois leur attention sur ces efforts pour préparer les esprits à une évolution indispensable dans nos finances. Toutefois, je dois ajouter que, pour l'avenir du pays, ce qu'il faut préalablement à toute opération de ce genre, c'est la réduction des dépenses et leur fixation au chiffre réel des recettes.

« J'ai lutté pour essayer d'arriver à ce résultat et je puis me rendre ce témoignage qu'aucune considération ne m'y a fait dévier. Quand je vins aux affaires, l'État n'avait aucune ressource disponible ni à l'importation, ni à l'exportation. Je dégageai 0.96 sur nos cafés et ne voulus sous aucun prétexte les rengager dans la suite. Le jour que le Corps législatif voulut me contraindre à les prendre pour équilibrer un budget qu'il avait enflé en dehors de ma participation, je déclarai péremptoirement que je ne le ferais jamais et que les dépenses votées ainsi ne seraient pas acquittées. Il faut chercher là, dans cette résolution inébranlable à ne pas engager nos dernières ressources pour satisfaire des créances qui ne me semblaient pas justifiées, la source de certaines animosités que je me suis attirées. »

Les Chambres législatives d'Haïti, page 34 :

« A l'intérieur, j'avais pu augmenter le crédit de l'État dans des proportions inusitées. Avant moi, on empruntait du papier contre de l'or au pair et quand le change était à 25 et 30 0/0. J'obtins définitivement une prime en faveur de l'or de 10 0/0, et un moment l'intérêt pour le Gouvernement descendit jusqu'à 1 0/0. Tous les appels au crédit public furent non seulement

son développement le plus complet. Quoi d'étonnant
si le public, mis en défiance par notre propre faute,
sur 100,000 obligations offertes à peine en souscrivit
18,000 !

La déception fut donc complète et elle atteignit
cruellement notre crédit extérieur, si brillant quelque
temps auparavant. Nos maisons de banque, grande-
ment engagées avec l'État et qui, par le placement
des titres à l'étranger, espéraient la disponibilité de
leurs capitaux, prises au dépourvu, payèrent cher leur
aveuglement. La plupart sombrèrent et une crise sans
précédent enveloppa le pays. Malgré la transmission

---

entendus, mais encore couverts plusieurs fois. Jamais on n'accepta
dans aucun emprunt ni papier véreux ni ordonnance dépréciée.
(*Peut-on en dire autant depuis deux ans ?*) Tout était versé
intégralement en espèces. La prime en faveur de l'or fut à des
taux inconnus auparavant et, même dans les derniers jours de la
crise ministérielle, elle ne dépassa pas 20 0/0. Jusqu'en septembre 1894, l'escompte sur les effets publics fut insignifiant. On ne
commença à en parler qu'en octobre et parce que le budget était
tellement élevé qu'il était impossible d'acquitter les ordonnances
sans l'emprunt que je refusais de faire.

« Enfin, malgré mes difficultés avec la Banque nationale
d'Haïti et la résistance que je rencontrai chez elle, j'avais pu
obtenir de sa part de sérieuses améliorations dans le service
public. La création de nouvelles succursales et l'augmentation du
prêt statutaire à 600,000 piastres l'attestaient.

« A l'extérieur, le règlement définitif de l'emprunt de 1825,
l'admission à la cote officielle de la Bourse de Paris des titres de
l'emprunt Domingue, leur hausse jusqu'à 250 francs, d'autres
mesures encore firent le plus grand bien au crédit de la République et constituèrent les assises de l'évolution radicale que je
préparais dans les finances haïtiennes. Mais, selon moi, cette
évolution ne pouvait avoir lieu avant la réforme non moins
radicale de notre budget de dépenses. Autrement il arrivera fatalement des affectations dégagées, ce qui est arrivé, après moi,
avec les 0.96 : elles seront consommées avant même leur entière
libération. Et c'est pourquoi, tout en les entretenant, je ne voulus
pas donner immédiatement suite aux propositions d'emprunt
à l'extérieur qui nous furent faites. »

pacifique du pouvoir, le change sur notre papier-monnaie dépassa 70 0/0. Des incendies achevèrent le désastre. C'est aujourd'hui un champ de bataille où nous campons au milieu des ruines.

Mais, il faut y songer, jamais la coupe du malheur n'est vidée jusqu'à la lie, quoi qu'on prétende, et jamais on ne peut affirmer, en ce monde, qu'un deuil ne sera pas suivi d'un deuil plus grand. Nous devons donc appréhender des crises plus graves encore et tout faire pour les éviter.

Il est évident, par exemple, que tout le temps, en Haïti, que la paix publique est maintenue, on ne peut pas dire que tout soit perdu.

Il faut donc maintenir cette paix : c'est la première condition. Pour la garantir, il est indispensable que l'ordre et la prévoyance reviennent dans les finances publiques.

Quelque réforme que l'on tente, quelque mesure que l'on décrète, il faudra tenir, sans l'oublier jamais, aux engagements nouveaux que l'on a pris à l'étranger, car le jour où il y aurait le moindre retard dans le paiement d'un coupon, l'effondrement serait complet et irréparable. Plusieurs générations ne suffiraient pas pour effacer ce forfait à l'honneur national.

C'est précisément ce qui rend un emprunt à l'extérieur extrêmement délicat pour des petits peuples qui, comme le nôtre, habitué aux 18 et 30 0/0 d'intérêt, sont parfois enclins à confondre toutes les opérations financières dans une suspicion presque légitime.

Pressés par les besoins quotidiens d'un service trop

chargé, par nos faiblesses et nos convoitises, nous contractons des dettes locales à des taux ruineux, avec des gages absolument disproportionnés. On peut, à la rigueur, non pas nous excuser, mais invoquer en notre faveur les circonstances atténuantes, si plus tard nous demandons la revision de ces contrats, soit par une rétrocession de gages, soit par l'abaissement de l'intérêt. Nous sommes ici en face d'un groupe déterminé de prêteurs, dont les membres nous sont connus : les banquiers ordinaires de l'État et qui ont largement et depuis longtemps profité de sa gêne. Leurs titres sont nominatifs et de chiffres généralement importants, bien qu'en très petit nombre. Dieu me garde de dire que nous nous trouvons en face d'usuriers ; il n'est pas moins certain qu'ici le prêteur a le plus grand intérêt à s'arranger avec son client et à lui faciliter l'accomplissement de ses engagements. Il le connaît, au surplus, mieux qu'il ne se connaît lui-même et sait qu'il y a tout profit à ménager cette réelle poule *aux œufs d'or*. Ce sont petites affaires qui se traitent en famille et qui n'empêchent pas les opérations de reprendre dès le lendemain de l'arrangement.

Le cas diffère essentiellement quand il s'agit d'un emprunt public, anonyme, contracté sur une place étrangère... Que fait au petit rentier qui, sur la foi de notre probité, a apporté aux guichets du *Crédit industriel*, par exemple, ses économies contre lesquelles on lui a remis une obligation haïtienne, quand, le coupon n'étant pas payé, on lui parle, pour lui faire prendre patience, de la richesse de notre sol, de l'avenir de notre pays, des situations scandaleuses élevées au détriment de la fortune nationale, des engagements, provisoirement suspendus, mais finalement remboursés au quadruple, etc., etc. ? Il n'en a cure : le paiement à échéance ferait mieux son affaire. Il regarde son chiffon et jure qu'on ne l'y reprendra plus.

Voilà pourquoi, on ne saurait trop le répéter, un emprunt extérieur est particulièrement grave en Haïti. C'est ce qui condamne la conduite de tout gouvernement qui le tente sans une préparation suffisante de moralité et de réorganisation. C'est ce qui explique aussi le peu de faveur dont notre dernier emprunt a été l'objet.

Enfin, rien ne saurait absoudre notre administration d'avoir lancé cette opération sans s'assurer au moins que la cote officielle à la Bourse de Paris lui serait accordée sans retard. Et l'année va finir et l'emprunt n'est pas coté ! Viendra-t-on encore nous parler de notre crédit et de la confiance que nous inspirons ?

L'exemple de Domingue aurait dû pourtant nous profiter.

Dans ces sortes d'affaires il n'en est pas autrement que dans la vie privée et ce sont toujours les mêmes règles qui gouvernent les peuples aussi bien que les individus. Un honnête banquier donnera son argent pour une entreprise sérieuse et qu'il estime lucrative sous un bénéfice raisonnable.

Il le refusera au fils prodigue, quel que soit l'intérêt offert : il y a une catégorie spéciale pour ces affaires-là. Quand le prodigue aura fourni la preuve qu'il se range, il sera en droit de frapper à la porte fermée naguère. C'était cette preuve que nous avions à faire avant de songer à l'emprunt de 1896.

Toutefois, et malgré tout, il faut maintenir la paix indispensable à toute réforme financière ultérieure, il faut garantir le paiement régulier des coupons de notre dette extérieure, il faut songer à l'amortissement de notre énorme dette flottante, il faut réparer enfin nos désastres commerciaux. Que faut-il donc pour obtenir ces résultats ? Faut-il persévérer dans la voie criminelle des emprunts et entasser Ossa sur Pélion, Pélion sur Ossa, comme on le fait avec tant d'inconscience depuis deux ans ? Non, non, mille fois non. La chute serait plus rude, étant de plus haut.

Il faut une chose pas nouvelle, bien banale en vérité, et que j'aurai encore la naïveté de répéter, bien qu'elle ne m'ait, naguère, profité ni devant le Corps législatif haïtien, ni devant le public.

Il faut réformer notre budget de dépenses.

Dans cette fin de siècle, les peuples et les hommes répètent à l'envi : *Faisons des économies*. Et ils n'en font pas. Nous aurions tort de suivre leur exemple, car ils seraient les premiers à nous rappeler, à l'occasion, nos engagements. L'Egypte depuis longtemps et la Turquie en ce moment nous enseignent le sort réservé aux nations prodigues et imprévoyantes.

Au point où nous en sommes, l'économie n'est plus seulement une nécessité, elle est la condition organique de notre vie sociale. Supposons une mauvaise récolte, moins encore : une baisse momentanée du café sur les marchés européens, et voilà la banqueroute avec toutes ses conséquences intérieures et extérieures. Car la question se dédouble désormais et si nous devons craindre le mécontentement des serviteurs de l'État non payés, il n'est pas prouvé que nous n'ayons à appréhender aussi celui de nos créanciers européens insatisfaits.

Or, pendant qu'il en est temps encore, après les prodigalités et les folies, tâchons de nous recueillir et de nous refaire, dans le travail et l'économie, un peu de sang nouveau.

Le désordre dans les finances, dans les douanes, les tripotages dans les affaires publiques, les scandales des Chambres, les contrats et concessions mis aux enchères et devenant une source de fortunes illicites, ne font pas seulement une plaie d'argent. Le mal serait grave; mais, s'il devait se borner aux conséquences immédiates et matérielles, il serait facilement réparable, une ou deux bonnes récoltes de café, un peu d'ordre rétabli, suffiraient à cette besogne. Malheureusement ce mal est autrement important : comme une pourriture, il se développe de lui-même et par l'effet de ses vertus corrosives. Il détruit l'harmonie, la tranquillité et le repos de la vie. Il crée le malaise, l'inquiétude dans toutes les classes. Il imprègne, il sature tout de ses émanations morbides. Plus de possibilité de songer à autre chose, de faire autrement. C'est une sorte de peste, de choléra qui atteint chacun à la ronde. Et la nation contaminée,

gangrenée, finit dans une sorte de maladie morale qui
est à l'âme ce que la malpropreté physique est au
corps.

Il n'est pas contestable que le partage d'un
million de dollars que la Révolution victorieuse de
1889 adjugea à ses chefs fut un de ces actes caracté-
ristiques qui marquent le point de départ d'une ère
fâcheuse dans l'histoire d'un peuple. Il n'y avait
pas à s'y tromper : l'argent devenait ainsi, selon
la nouvelle formule officielle, l'unique récompense des services rendus à la Patrie. Et comme
c'était à soi qu'on décernait des récompenses pour
des services dont on était seul juge, il était bien
improbable que cet exemple, pesant sur toute l'administration, ne lui enlevât l'autorité nécessaire pour
exiger et pratiquer elle-même le respect des deniers
publics. Chaque fonctionnaire pouvait, en définitive,
estimer qu'il rendait des services, et chercher à côté de
sa rétribution budgétaire une récompense qu'il fixait
et prélevait selon ce qu'il avait vu s'accomplir sous ses
yeux.

Ce danger n'échappa pas au Cabinet de l'époque,
qui essaya de le conjurer par une augmentation des
appointements publics, principalement de ceux qui
relevaient des finances et de l'administration.

En tout autre temps, et sans ce précédent, cette
mesure aurait pu produire des résultats appréciables.
Le raisonnement qui consistait à mettre au-dessus du
besoin les employés percepteurs des recettes pouvait
paraître assez judicieux. Dans la circonstance, il

n'échappa pas aux intéressés qu'il n'était qu'une faible compensation dont ils se promettaient bien de parfaire la différence. D'autres classes de fonctionnaires auxquelles on ne songea pas furent mécontentes : le Corps législatif lui-même, qui votait ces augmentations, trouva, sans doute, quelques-uns de ses membres pour penser, sans le dire, se réservant de le démontrer, qu'il était injuste de le circonscrire dans ses douze cents gourdes constitutionnelles.

La mesure n'implanta donc pas la vertu dans notre monde administratif : elle donna peut-être le branle aux appétits.

Elle eut un autre résultat, réel, tangible, et qui pèse déplorablement sur nos finances : elle porta du coup le service privilégié des appointements, solde, ration et locations à près de 400,000 piastres (1).

Tous nos droits d'exportation étant engagés dans nos emprunts, il ne reste, on le sait, que ceux à l'importation pour payer mensuellement ces $ 400,000. Or, si les six mois de la récolte produisent ce chiffre, d'autres sont loin d'y atteindre : juillet, août et septembre, par exemple, donnent à peine une moyenne de 280,000 piastres.

On comprend sans peine que le déficit, en dehors du désordre et des prodigalités complémentaires, soit à l'état permanent dans nos finances, quand on

---

(1) Il a été pris ici pour base le mois de décembre 1892 où les dépenses, rien que pour ce service privilégié, s'élevèrent à 383,301 piastres 37 1/2 billets et 12,224.99 or américain.

Dans l'ouvrage *Douanes et Finances* il sera donné un état détaillé de ce service par arrondissement financier.

néglige systématiquement de se ménager quelques ressources pour parer au rendement insuffisant de l'importation dans la morte-saison.

Il est bien entendu que je ne cherche ici que les causes premières qui influèrent sur l'état de choses desquelles sortit l'élection du général Hyppolite à la présidence de la République. De ce chef, je répète ce que j'ai dit déjà : durant le temps que je restai au ministère, je le trouvai absolument correct. Aucun ministre, je crois, ne peut, sans mentir à la vérité, insinuer le contraire.

Il est de mode, depuis quelque temps, d'essayer de rejeter sur son influence personnelle, sur sa volonté propre, certains actes qui ont pu s'accomplir sous son administration. J'ai des raisons pour agir tout autrement, et ces raisons je n'hésite pas à croire qu'elles sont convaincantes.

Jouissant d'une sorte de liste civile très large pour le président d'un petit Etat comme Haïti, mais n'hésitant jamais à la consacrer en grande partie à la défense de son Gouvernement et de la paix, le général Hyppolite n'avait pas besoin, ses goûts eussent-ils été plus dispendieux qu'ils ne l'étaient, en réalité, de chercher un profit quelconque en dehors de sa charge. Du reste, son caractère fier, presque hautain, ne le lui permettait pas : il pouvait avoir des collaborateurs ; il n'avait et ne pouvait avoir des complices.

De la disposition naturelle de son esprit découlait un défaut que, en ma qualité de ministre des finances, j'eus assez souvent l'occasion de combattre : il ne comptait pas quand il s'agissait du maintien de la sécurité.

On exploitait peut-être cette passion poussée chez lui à l'extrême et les raisonnements ne suffisaient pas parfois à le convaincre, d'autant plus qu'il ne se gênait pas pour déclarer qu'il préférait pécher par surcroît de prudence que d'être pris au dépourvu. Ce fut ainsi que, pour arriver à réduire les frais de notre police de surveillance à New-York, bien inutile à ce moment et de tous temps exagérés, j'eus quelques efforts à faire.

L'achat de la *Sentinelle* (1) qui, à l'époque, fit tant de bruit, naquit de cette idée du maintien de la paix par tous les moyens.

Le Président reçut un jour l'avis qu'un bateau destiné, disait-on, aux exilés de Kingston, se tenait caché dans un des îlots des Iles Turques : s'il voulait donner 25,000 dollars, ledit bateau lui serait livré. Le Conseil fut convoqué pour statuer sur la proposition. Je déclarai nettement m'opposer à cette acquisition parce que d'abord j'avais la conviction que c'était une spéculation qui, si elle était acceptée une première fois, se renouvellerait infailliblement et pourrait, après deux essais fructueux, donner aux adversaires du Gouvernement les fonds qui leur manquaient actuellement pour tenter une expédition réelle cette

---

(1) La *Sentinelle* ou la *Mouche* — je ne sais plus au juste le nom dont il fut baptisé. — était un yacht de petite dimension, presque un canot, qu'on nous fit acheter sous l'ingénieux prétexte qu'on allait le vendre aux exilés pour un prochain débarquement sur nos côtes.

fois ; ensuite, qu'il ne me semblait pas de la dignité du Gouvernement d'entrer dans une voie semblable. Il n'avait pas à craindre, en définitive, une attaque de ses ennemis. Finalement je demandai un délai de vingt-quatre heures, me faisant fort d'établir le bien fondé de mon opinion. Je ne fus pas écouté. J'exigeai, toutefois, qu'il fût consigné dans le procès-verbal du Conseil et mon opinion et les motifs sur lesquels je m'appuyais : ce qui fut fait.

Trois ou quatre mois après, un matin, le Président me fit appeler. « Voyez, me dit-il en me tendant quelques papiers, on m'offre de me livrer moyennant 30,000 dollars un nouveau yacht destiné aux exilés. » — « Ah ! cette fois, c'est 30,000 dollars : il y a progression. De ce train et à ce prix, avant longtemps, vous aurez tous les canots de plaisance avariés des îles environnantes. Et que comptez-vous répondre, Excellence ? » — « Je me suis rappelé ce que vous aviez déclaré au Conseil. Prenez ces papiers et faites comme vous disiez. » — Je n'ai pas besoin d'ajouter que, le lendemain, le Président avait la certitude que ce n'était qu'un coup monté et pouvait, au moins, se répéter avec satisfaction *non bis in idem*.

J'ai raconté cette histoire pour démontrer que le général Hyppolite n'était pas, comme on s'est plu à le dire, insensible à un bon conseil. Il fallait le lui donner.

Mais l'affaire qui a fait le plus de tapage et que les intéressés, après avoir murmuré tout bas que c'était lui qui la voulait, n'hésitent plus aujourd'hui à déclarer hardiment que ce fut son œuvre personnelle, a été le rachat du télégraphe terrestre. J'ai la certitude qu'ici encore le général Hyppolite fut trompé par ceux qui avaient mission de l'éclairer et qu'il crut, *en laissant faire*, que l'État contractait une opération avantageuse sous tous les rapports. On sait que l'établissement des lignes télégraphiques terrestres dans le pays fut, dès l'origine, hautement patronné par lui. Il y voyait et avec raison un moyen pour prévenir ou réprimer les entreprises révolutionnaires. C'est assurément sur ce sentiment, en le dénaturant, qu'on s'est appuyé pour enlever l'affaire après la démission du Cabinet le 27 décembre 1894.

Le 7 septembre de cette année-là, le public apprit que le Corps Législatif, qui depuis quelque temps majorait de 50 0/0 indistinctement tous les contrats qui lui étaient soumis — probablement parce qu'il ne voulait pas que les entrepreneurs y missent de leur poche — le public apprit que le Corps Législatif, de sa seule et unique initiative, venait de voter le rachat de la ligne télégraphique terrestre. On dressa l'oreille et on se demanda ce qu'il pouvait y avoir là-dessous. On répondit mystérieusement que la République venait d'échapper au plus grand danger qu'elle eût couru jusqu'à ce jour. Et, pour preuve, on montra un filet d'un journal de Port-au-Prince qui s'exprimait ainsi : « *On nous écrit de New-York qu'un puissant comité de capitalistes américains a offert à la Société française des Télégraphes de racheter la ligne terrestre d'Haïti. Les négociations se poursuivent activement.* » Ceux qui inventèrent ce puissant *comité* s'étaient, sans doute, inspiré du coup de la *Sentinelle*.

Quelques jours auparavant, j'avais vivement entretenu le Président des majorations qui se pratiquaient dans les Chambres sur les contrats déposés par le Gouvernement et je lui avais montré l'opinion publique inquiète et alarmée.

J'avais appelé son attention sur un journal qui signalait avec véhémence ces augmentations scandaleuses auxquelles personne ne s'opposait. C'était un dimanche, en présence de deux de mes collègues : l'un est mort, mais l'autre est bien vivant. Le Président m'avait promis que le lendemain il entretiendrait le Conseil de la nécessité d'une attitude vigoureuse à prendre vis-à-vis des Chambres. — Il n'en fit malheusement rien, arrêté peut-être, par cette répugnance, cette hésitation qui se manifestaient chez lui chaque fois qu'il s'agissait du Corps Législatif. Cette fois, quand je lui expliquai ce que le rachat du télégraphe terrestre, dans les conditions où on prétendait le pratiquer, présentait de désavantageux pour l'État, il adhéra immédiatement dans mon sens et fut sans hésiter de mon côté pour repousser la proposition les cinq ou six fois qu'elle se présenta devant nous.

Pouvait-il en être autrement ?

Dès les premiers jours, le Conseil vota la proposition suivante :

« Avant de statuer sur le rachat des lignes terrestres, décrété par les Chambres, il devra être soumis

au Conseil un rapport signé d'une commission d'ingé-
nieurs compétents établissant :

« 1° L'état actuel des lignes ?

« 2° Cet état garantit-il le bon fonctionnement des
lignes et leur exploitation régulière dans l'avenir ?

« 3° Quel est le matériel existant, constaté par in-
ventaire?

« 4° Quel est le rendement net de l'exploitation
annuellement ?

« 5° Quelle est la valeur dépensée pour la construc-
tion du réseau ?

6° Enfin, ce rapport, avant toute négociation, devra
être porté à la connaissance du public par la voie du
journal offfciel de la République. »

Le vote de cette proposition, en sauvegardant les
intérêts de l'État et en mettant une barrière infran-
chissable à tout rachat à son détriment, donnait aussi
satisfaction à ceux qui objectaient que le Pouvoir
Exécutif n'avait pas qualité de négliger une résolution
votée par le Corps Législatif, résolution inspirée — on
n'avait pas, disait-on, à rechercher le contraire — par
une patriotique prudence. Car, si les Chambres
avaient décrété le rachat des lignes terrestres, elles
n'avaient pas décrété qu'on dût les racheter à n'importe quel prix.

Or, en prenant même le prix forfaitaire du contrat
(et on sait les discussions que ce prix trop élevé

occasionna à l'époque), la valeur du réseau ne pouvait s'établir que comme suit :

802 kilomètres 477 à 1,600 francs le kilomètre. 1.284.363 20

330-948 de 2ᶜ, 3ᵉ et 4ᵉ fils à 1,000 fr.   330.948   »

Valeur totale en francs. . . 1.615.311 20

D'un autre côté, il était notoire que la Compagnie ne faisait pas ses frais : le mois de mars 1894 lui avait donné plus de 1,400 dollars or de déficit. Elle l'avait établi elle-même pour se faire délivrer l'intégralité de la garantie annuelle d'intérêt consentie par l'État sur ce prix forfaitaire et s'élevant à 15,715 dollars or.

Malgré le vote de cette proposition, l'affaire revenant encore au Conseil, le général Hyppolite fut d'accord avec moi pour la faire repousser par des raisons basées tant sur l'état de nos finances qui ne permettaient pas une telle acquisition, même au prix forfaitaire du contrat, que par l'intérêt vrai de l'État et du public qui était que la ligne fût gérée par une administration indépendante et responsable. Les choses restèrent ainsi jusqu'à notre démission.

Je pense donc que c'est une imposture que d'essayer de présenter comme un acte personnel du général Hyppolite le rachat des lignes télégraphiques. Il a pu, à un moment, le souhaiter comme devant donner à son idée plus de force à son Gouvernement : il n'a pas résisté aux objections qui lui furent faites. Il s'y est plutôt rendu, et si plus tard la chose s'est accomplie, l'initiative, on peut l'affirmer, n'a pas été prise par lui. Car, à qui ferait-on croire, connaissant nos habitudes de Gouvernement, qu'il n'eût pas été plus aisé au général Hyppolite d'obtenir cette concession d'un cabinet chancelant et qui n'hésiterait pas à cette condescendance que d'un ministère nouveau et plein de vitalité ? Le rachat ayant été voté par les Chambres le 7 septembre et le Cabinet n'ayant donné sa démission que le 27 décembre, il avait largement le temps de faire adopter la mesure, s'il s'y était résolu. Mais non, il se rangea plutôt du côté des objections pour la faire repousser.

Ceux qui restent responsables du rachat et de ses conséquences plus que certaines sont le Corps Législatif et le Cabinet du 27 décembre 1894 qui l'exécuta (1).

Du reste, cette responsabilité, le Cabinet actuel ne l'a pas repoussée, car écoutons-le dans l'exposé général de la situation de 1895 (chapitre des Travaux publics) monter au Capitole pour rendre grâces aux dieux de cette bienheureuse acquisition :

Le Gouvernement est heureux de proclamer et de louer hautement ici l'esprit de sage prévoyance qui avait guidé le

---

(1) Le Cabinet du 27 décembre 1894 ne s'est pas gêné pour critiquer les actes du ministère qu'il avait remplacé. Pourtant, un observateur impartial ne peut s'empêcher de remarquer qu'il est peu de ces actes — en dehors des siens propres — qu'il n'ait repris à son compte pour les amplifier. L'histoire de la *Crète-à-Pierrot*, par exemple, est typique. Le bateau coûtait, rendu dans la rade de Port-au-Prince, 396,000 dollars or. Après nous, il revient plus de 500,000 dollars or et il est diminué de longueur.

Corps législatif dans sa résolution du 9 septembre dernier. Il ne s'attardera pas à vous retracer ici les malheureuses circonstances qui avaient imposé au pays, à la suite des douloureux événements de 1888, la convention du réseau terrestre dont nous venons de nous débarrasser. Vous les avez tous présentes à la mémoire, qu'il lui suffise de vous rappeler, Messieurs, que le rachat s'imposait à un triple point de vue : économique, politique et administratif.

Au point de vue économique, entre autres charges onéreuses dont l'État s'affranchit par l'opération, le département se borne à citer les suivantes : discontinuation de paiement d'une garantie d'intérêt pendant une durée de quarante années à servir sur un capital de   , soit une valeur de 748,600 dollars *(en calculant cette garantie d'intérêt intégralement pendant quarante ans, on avoue un peu ingénument qu'on ne compte sur aucun rendement de la ligne)* ; le paiement des frais de télégrammes officiels d'après la moyenne établie, d'une valeur annuelle de 12,000 piastres, soit pour les quarante années et, dans un autre ordre d'idées, l'État exerce un contrôle immédiat sur les douanes, les ports et le mouvement commercial en général.

Au point de vue politique, le Gouvernement étant le propriétaire de ce puissant élément de civilisation, peut exercer sans encombre et à peu de frais une police de chaque jour, de chaque heure sur tous les points du pays.

Au point de vue administratif le réseau administré, comme nous sommes fondés à l'espérer par les résultats déjà obtenus, avec honnêteté et compétence, deviendra sous peu une nouvelle source de revenus au pays,

Nous passerons sous silence, entre autres dangers résultant des engagements que nous avions pris envers la Société des Télégraphes dans le contrat du 9 octobre, celui consistant en paiement de gros dommages-intérêts qui pourraient résulter de dégâts occasionnés au réseau en cas de trouble et d'interruption de service.

Il ne vous reste plus, Messieurs, pour parachever l'œuvre, qu'à sanctionner le projet de loi portant organisation de ce nouveau service public. J'aurai l'honneur de le soumettre sous peu à vos délibérations.

Malheureusement, quelques ombres sont venues déjà obscurcir ce tableau, si brillamment illuminé par les 5 millions.

Au point de vue économique, il a fallu dès l'année dernière prévoir 147,000 piastres or pour le service télégraphique terrestre, et cette année, dans le budget adopté par l'Exécutif, faire entrer au département des Travaux publics 48,000 piastres or qui, assurément, seront insuffisantes. Chaque mois, la Banque nationale d'Haïti compte plus de 10,000 piastres pour les appointements du personnel, etc., etc. Il est vrai que ce compte doit se balancer par les recettes du télégraphe. Il serait curieux de savoir si ces recettes dépassent sensiblement zéro.

Sous le rapport administratif, le *Moniteur* nous édifie amplement : les circulaires présidentielles, ministérielles et directoriales pleuvent, toutes tonnant sur la négligence du personnel. Ces plaintes, à n'en pas douter, sont plus que fondées. Toutefois, il ne faut pas oublier que les conditions défectueuses dans lesquelles se trouvent certaines parties des lignes doivent être pour quelque chose dans l'irrégularité du service. Le contraire, au surplus, serait pour nous surprendre. Nous avons vu l'État administrant le service des eaux de Port-au-Prince et nous savons ce qui en arriva. Pouvions-nous espérer un meilleur résultat avec un service autrement délicat, plus compliqué et exigeant une vraie science de détails et d'application ? Nous aurions témoigné là une bien grande naïveté : il vaut mieux croire que nous savions où nous allions.

Quant au point de vue politique, je n'hésite pas à penser que si le rachat du télégraphe avait eu lieu seulement une année plus tôt, bien loin de contribuer à maintenir la paix publique au lendemain de la mort du général Hyppolite, il eût pu gravement la compromettre. Un commandant d'arrondissement, un général de commune n'auront pas le moindre scrupule à mettre la main sur le télégraphe administré par l'État pour le faire servir au profit de leurs idées ou de leur ambition : ils hésiteraient devant une administration privée et, en tout cas, cette administration aurait toujours le temps d'en aviser la direction centrale et le gouvernement serait prévenu, par contre. Rien n'empêche aujourd'hui que durant que le télégraphe, complice de la rébellion, fonctionne pour transmettre les avis les plus rassurants à Port-au-Prince, une localité quelconque ne soit depuis plusieurs jours en pleine insurrection. Sans oublier qu'il faut compter non pas seulement avec les négligences, mais aussi avec les passions politiques auxquelles les employés du télégraphe de l'État sont soumis comme nous tous. Nous n'avons jamais pu former aucun corps où cette passion pût être bannie. Pourquoi les employés du télégraphe terrestre en seraient-ils exempts? Ce sera, en tout cas, une bien rude responsabilté pour le chef de ce service, en temps d'effervescence politique, de cautionner la fidélité de son personnel.

Quand le 11 août 1894 le Président de la République fut si gravement malade que ses médecins, désespérant de son salut, déclarèrent au Conseil des

Secrétaires d'État que sa vie n'était qu'une question d'heures, parmi les mesures qui furent prises pour parer à la situation nous ne négligeâmes pas, on peut le croire, celles relatives au télégraphe terrestre. Le directeur de ce service fut mandé et il est certain que pas un télégramme suspect, de nature à porter atteinte à l'ordre public, ne put être transmis. La Compagnie sentait trop sa responsabilité vis-à-vis de l'État et les dangers qu'elle encourait de ce chef pour ne pas y veiller avec une scrupuleuse vigilance. Elle sentait qu'elle était dans notre main et que la répression, si elle devait se manifester, n'aurait pas à s'égarer dans les détails d'une enquête ou d'une garantie plus ou moins anonyme. Du reste, quelques mesures secondaires, toujours faciles à prendre par le département de l'Intérieur, nous donnaient, en plus, toute sécurité.

C'est donc une plaisanterie qui ne vaut, certes, pas le million de dollars que nous avons déboursé pour le rachat de la ligne, que celle qui avance que c'est grâce audit rachat que la paix publique a été maintenue à la mort du général Hyppolite. L'Histoire ne ratifiera pas cette justification intéressée. Elle se contentera de penser que l'établissement des lignes terrestres en Haïti a contribué à ce maintien. Quant au rachat, il n'y fut pour rien.

On peut regretter que le nouveau Président, dont l'esprit généreux et entièrement dégagé de toute animosité est hautement reconnu par tous, ait conservé à ses côtés le cabinet du 27 décembre 1894 : les quelques changements de surface opérés n'en ayant guère modifié l'esprit. Il a permis ainsi à quelques individus de chercher à accréditer l'opinion que son Gouvernement n'était que la continuation de l'ancien. Tout en restant fidèle à des sentiments d'amitié et de reconnaissance qu'il ne lui était pas défendu d'avoir, il aurait dû, il semble, démontrer qu'il entendait posséder une politique et une clientèle personnelles. En dehors de cette portée générale et à ne considérer que le point de vue plus étroit des mouvements administratifs, l'espérance n'eût pas semblé fermée à tous ceux qui vivaient d'une longue attente... La politique se libère, ordinairement, des obligations de la vie privée et c'est être sage et avisé que de s'en affranchir dans l'intérêt général.

Si cette conduite logique avait été suivie, bien des difficultés eussent été épargnées ou écartées. Je ne parle pas de la situation financière qui eût été sensiblement améliorée : un Ministre nouveau eût pris les mesures que la nécessité commandait et au premier rang desquelles il allait de soi de ne pas liquider la succession de l'ancienne administration au détriment de l'existence de la nouvelle. Mais notre parlementarisme même qui, tel que nous le pratiquons, mène le pays à la ruine, se serait relevé. Les nouvelles Chambres venaient, avec un courage calme et froid, d'accomplir un acte de souveraineté qui pouvait leur présager une honorable carrière. Et il y avait quelque chance pour que leur parlementarisme ne fût plus la maladie dont nous mourrons, mais véritablement un principe de réorganisation et de vie.

Enfin, il n'eût pas été impossible à un cabinet nouveau de procéder, pour le plus grand bien de nos finances, à une revision équitable de plusieurs de nos contrats. Ne serait-ce que pour faire contraste avec celui qu'il remplaçait, il aurait essayé de pratiquer un peu l'économie et parlerait moins, chaque fois qu'il s'agit d'augmenter nos charges, de notre prestige et de notre dignité nationale. C'est, sans doute, à cette façon de les comprendre que le pays doit l'étrange inscription au budget de cet exercice d'une somme de 35,000 dollars or (durant quarante ans, dit-on) pour l'atterrissage d'un nouveau câble au Cap, à deux pas du Môle où nous l'avions déjà ! Vous verrez que c'est encore une victoire que nous avons remportée... cette fois sur la Dominicanie qui ambitionnait cet atterrissage tout comme les Américains convoitaient, naguère, notre réseau terrestre !

Notre imagination ne connaît plus de bornes : il n'y a coin qu'elle n'explore et son ingéniosité défie toute concurrence. Quand l'incendie dévore notre capitale, les consolations banales en usage jusqu'à ce jour, souscriptions publiques et secours aux victimes, ne suffisent plus : le feu incendie aussi notre cerveau et le voilà qui enfante maintenant le monopole de la kérosine au profit de simples particuliers ! Consultez, à ce sujet, nos derniers *Moniteurs*.

On peut penser justement, en étant un bon citoyen et un ami de la paix, dont le Chef de l'État est la légitime personnification, qu'il est logiquement temps de mettre une borne à ces excès et rappeler aux intéressés que les marées même après leur flux ont aussi leur reflux. Un château, quand les matériaux n'en sont pas bien solides, ne peut supporter indéfiniment étages sur étages : la dernière opération de 50,000,000 de francs a constitué notre maximum de surélévation. Il faut maintenant raffermir et consolider.

Tout ce qu'on tentera, en dehors de ce travail, ne contribuera qu'à démontrer la fragilité de l'édifice. Si donc pendant que l'emprunt extérieur se classe si péniblement à Paris, on y promène la signature de l'État pour un nouvel appel de fonds avec des commissions de plus de 20 0/0, il n'est pas étonnant qu'une reculade dans nos titres s'en suive. « Pourquoi, se demandera-t-on, acheter des obligations qui rapportent 7 1/2 0/0 quand le Gouvernement fait chercher de l'argent à des conditions bien plus avantageuses? Pourquoi même lui en prêter à n'importe quel taux, car est-on bien sûr que dans sa gêne il puisse rembourser? »

La médisance n'a pas épargné une dernière calomnie à notre administration : elle a prétendu qu'il a été question, ces temps derniers, d'emprunter quelques millions de dollars aux États-Unis. Cette absurdité ne mérite pas, je pense, une réfutation sérieuse. Dans notre politique, il est un *Credo* auquel tous nos hommes d'État ont été, jusqu'à ce jour, fidèles : c'est de ne pas s'engager avec nos puissants voisins. Il est donc peu probable que le Cabinet du 27 décembre 1894, qui a racheté la ligne télégraphique terrestre pour l'empêcher de tomber aux mains des Américains, ait pu concevoir un tel projet. Après avoir sauvé, préventivement, un réseau qui n'était pas en danger, il n'aurait pas abandonné la trame même de notre existence.

La gravité de notre situation économique ne peut donc échapper à personne.

Cette situation, en se prolongeant, peut mettre en danger la paix publique.

Il est donc plus que temps de l'enrayer.

Aucun effort, aucune conception ne donnera un résultat pratique et durable, si on ne commence cet enrayement par la base même, qui est la réforme de notre budget des dépenses.

Régler le service de notre dette flottante actuelle, diminuer ses intérêts, consolider la masse des effets publics qui encombrent notre marché, qu'est cela si chaque année de nouveaux déficits, s'ajoutant aux déficits anciens, exigent les mêmes mesures, les mêmes sacrifices et aussi les mêmes mécontentements?

C'est recommencer, à chaque exercice budgétaire, l'éternel apologue du tonneau des Danaïdes.

Il serait plus logique et moins préjudiciable au pays de ne rien faire, de ne rien entreprendre.

Ce serait moins injuste aussi pour les intérêts privés.

Quand nos créanciers intérieurs se résolvent à abandonner une partie des gages et des intérêts qu'ils détiennent, c'est un peu en vue du bien général qui doit en découler pour tous. C'est beaucoup aussi pour la restauration du crédit public dont ils bénéficieront eux-mêmes et qui les compensera en partie de la perte subie. Ils ne sont donc pas fiers quand, ces sacrifices consommés, ils voient recommencer les emprunts locaux aux mêmes taux onéreux — s'ils ne sont pas plus élevés — dont ils viennent à peine de consentir la réduction, et ils éprouvent une vraie déception quand ils constatent que leur nouveau titre, par l'aggravation du système qu'ils croyaient aboli, perd chaque jour de sa valeur. Leur sacrifice n'ayant pas profité à l'intérêt général, le réel caractère de l'opération reste, pour eux, dans toute sa vérité : celui d'une conversion forcée et obligatoire.

Il faut donc, comme base de toute réforme, donner un fond à notre tonneau percé. Le seul qui soit rationnel est l'équilibre entre nos recettes et nos dépenses.

Cette situation économique préoccupant à juste titre, on va jusqu'à envisager, depuis quelque temps, comme moyen extrême d'en sortir, la nécessité pour la Nation acculée de faire un emprunt sur elle-même. C'est là, si ces idées devaient se propager, où le danger deviendrait terrible et où chaque Haïtien devra bien envisager les conséquences d'un tel acte. Quand on a voté l'emprunt de 50,000,000, on était placé entre deux dilemmes : le papier-monnaie ou l'appel au capital étranger. On choisit de deux maux le moindre : l'appel au capital étranger. Dix mois sont à peine écoulés et voilà que ce mal, pour la préservation duquel on avait fait le sacrifice de nos légitimes préjugés contre un emprunt extérieur, se dresse de nouveau plus menaçant que jamais. N'est-ce pas que, s'il est devenu possible, discutable, c'est qu'on a fait tout ce qu'il fallait pour que cela soit et rien de ce qui était indispensable pour éviter cette pire catastrophe ?

Or, qu'on y réfléchisse, une émission qui ne serait pas appuyée sur un système, sur un plan de gouvernement ayant pour base la réforme de notre budget des dépenses, serait un crime envers notre nationalité. Ce serait le dernier coup porté à la fortune et au crédit publics. Ce serait l'anéantissement et la ruine irrémédiable de toutes les familles. Il est aisé de se figurer ce qui bien vite deviendrait la règle dans nos mœurs politiques : la première émission en amènerait une seconde et ainsi de suite. Et chaque année les Chambres voteraient quelques millions de papier-monnaie pour équilibrer le budget. Ce ne serait pas plus difficile que cela et personne ne se ferait prier. On voit où nous ne tarderions pas à aboutir avec de telles pratiques.

De penser que l'on puisse discuter seulement l'éventualité d'une émission pour nous tirer d'embarras, quelques mois après avoir augmenté notre dette publique de 10 millions de dollars, est déjà une énormité à laquelle on avait quelque droit de ne pas s'attendre. Que serait-ce donc si on y songeait sans une volonté arrêtée de proscrire les gaspillages et de vivre des revenus réels du pays ?

Au surplus, quelque mesure qu'on rêve, quelque conception qu'on enfante — les meilleures comme les pires — rien n'aboutira, rien ne donnera un résultat vrai, on ne saurait se lasser de le répéter, en dehors d'une réforme budgétaire devenue inéluctable. C'est là et pas ailleurs que se trouve le nœud de la situation.

Haïti attend le patriote qui saura le trancher.

1er octobre 1896.

F. M.

Ce livre était sous presse quand le numéro du 17 septembre de l'*Impartial* m'est tombé sous les yeux. J'y lis :

« Ce qui parle en faveur de M. Marcelin, c'est qu'il protestait toujours devant les Chambres contre l'augmentation des dépenses ; ce qui l'accable, c'est qu'il ne sut pas se retirer dès qu'il avait vu qu'il lui était impossible de mettre sa responsabilité à couvert. »

Et le journal ajoute que devant le vote de la Chambre, en septembre 1893, j'aurais dû m'effacer.

Je réponds que, en toute conscience, je n'ai pas

pensé que je devais me retirer. Je laisse de côté les origines de la Chambre pour ne m'attacher qu'à l'exercice qu'elle faisait de son mandat. Si par une conduite patriotique et prudente elle avait témoigné que l'intérêt général était le mobile de ses actes, je n'aurais pas manqué, en cette occasion, de m'inspirer des exemples du parlementarisme moderne qu'on veut bien me citer, même devant un vote quelque peu ambigu. Mais le cas était tout autre. Je luttais contre les Chambres pour les empêcher précisément d'augmenter le budget et un groupe, gêné de mes intempestives protestations, cherchait à former une majorité contre moi. Le devoir était-il de faire le jeu de mes adversaires et me retirer devant un vote comme jamais Assemblée sérieuse n'en donna? Car qu'était-ce que ce texte enfantin par lequel on déclarait que la Chambre était satisfaite *quant à présent* de ma gestion? Un piège tendu à l'amour-propre, à l'irréflexion du premier moment et dans lequel on espérait que je tomberais. En réalité, appelée à statuer sur un fait spécial de mon administration, la Chambre n'avait pas, en se déclarant satisfaite, à faire des réserves pour l'avenir.

Qu'on n'oublie pas, au surplus, que ce n'étaient pas seulement les Chambres qui entendaient des reproches sur leurs gaspillages! Le Président de la République et le Conseil des Secrétaires d'État étaient journellement assaillis par des rapports où je répétais, dans un langage aussi cru que devant le Corps législatif, les mêmes vérités.

On n'a qu'à lire, à ce sujet, l'ouvrage que j'ai publié

sous ce titre : *Le Département des Finances et du Commerce d'Haïti.*

Il ne m'était pas non plus démontré que je ne finirais pas par convaincre le Président que l'intérêt du pays devait l'obliger à intervenir près des Chambres. J'ai soutenu cette lutte, sans relâche, pendant toute la durée de mon ministère. Et cela non pas dans l'ombre, mais franchement, carrément. De là certaines inimitiés qui n'ont pas encore désarmé.

Dans cette période de sept années, je voudrais bien connaître le ministre qui a tenté d'enrayer le mouvement ascensionnel des dépenses au Corps législatif et dans le Gouvernement même, en dehors des efforts que j'ai essayés ?

Enfin, pour rester au ministère, je n'avais qu'à promettre l'exécution du budget de 1894. Je m'y refusai résolument. Ni emprunt de $ 1,500,000, ni paiement de $ 295,000, votées aux Chambres, ni rachat du télégraphe terrestre pour un million de dollars, ni créances inscrites au budget en dépit des lois existantes, je ne voulus rien entendre.

Le Président de la République me fit, à ce moment, l'honneur de me consulter sur les choix à faire pour remplacer le cabinet qui allait démissionner. Je lui désignai quelques concitoyens qui, dans mon opinion, pouvaient entreprendre l'évolution économique que réclamait impérieusement l'intérêt du pays.

Malheureusement, ils ne furent pas appelés.

Ce qui est arrivé après ma sortie du ministère démontre de toute évidence où l'on marchait. En me retirant dès septembre 1893, le débordement qui a emporté une bonne partie des forces vives du pays, — je ne pense pas que ce fût-là le souhait de l'*Impartial* — aurait eu lieu plus tôt.

Je l'ai retardé le plus que j'ai pu.après avoir mis tout en œuvre pour le conjurer.

En tout cas, je n'ai pas voulu m'y associer.

En dépit des circonstances difficiles dans lesquelles je me suis trouvé, malgré les mille écueils au milieu desquels j'étais forcé de louvoyer, entre des Chambres opposantes pour le mauvais motif et un Pouvoir exécutif hésitant à adopter un parti décisif, à ma sortie du ministère, les appointements publics non seulement n'avaient jamais été en souffrance, mais étaient payés d'avance pour le mois de janvier 1895 ; le taux du papier-monnaie, après être descendu à 8 0/0, ne dépassait pas 20 ; le crédit de l'État à l'intérieur et à l'extérieur était en plein développement ; les mesures d'administration que j'avais inexorablement maintenues sur l'exportation du café assuraient pour l'année en cours une de nos plus belles recettes : au retrait de ces mesures, on doit le piteux résultat de l'exportation de 1895-1896. Enfin, de l'aveu même de l'exposé des finances de 1895, il y avait en caisse, au crédit de l'État, une balance assez importante, au 30 décembre 1894, sur un service complètement acquitté jusqu'au 10 février 1895.

A ces ressources, il faut ajouter les $ 300,000 du prêt statutaire augmenté, les $700,000 environ, bénéfice de la frappe métallique, que le gouvernement a été bien aise de trouver à emprunter de la Banque dans la suite, sans compter les 0.96 de droits sur les cafés disponibles, qui ont été, après moi, le pivot de nombreuses opérations financières.

On conviendra que si la barque était en péril, je luttais pour éviter le naufrage et ne contribuais pas de mes mains à élargir les trous par où l'eau aveugle devait se précipiter.

HAÏTI

ET

SA BANQUE NATIONALE

Je pense bien que cet ouvrage ne peut avoir qu'un intérêt rétrospectif : les différentes questions qui y sont traitées ayant été, après ma sortie du ministère, réglées dans le sens indiqué par la Banque elle-même. Toutefois, certains esprits que la controverse et l'interprétation, dans une donnée plus large de la pensée et de la lettre du contrat de cette institution, intéressent pourront peut-être y trouver quelque agrément.

C'est donc pour eux qu'il est plus spécialement écrit.

Avant l'ouverture de la session de 1893, au moment

de mes premières difficultés avec la Banque, le Président de la République me demanda un énoncé des améliorations ou modifications qui pouvaient être considérées, dans le moment, comme l'expression de mes désidérata vis-à-vis de cet établissement.

Je lui remis la note suivante :

MODIFICATIONS A PORTER AU DÉCRET DU 10 SEPTEMBRE 1880

A modifier le 2° paragraphe de l'article 2 ainsi conçu :

« Ce remboursement devra avoir lieu en francs et « au pair. »

de la façon suivante :

« Ce remboursement devra avoir lieu én la monnaie « désignée par les créances de la Banque sur l'État. »

La dernière phrase du 3° paragraphe du même article :

« Après expiration des délais légaux, la valeur des « billets qui n'auraient pas été présentés au rembour- « sement appartiendra à la Banque. »

de la façon suivante :

« Après expiration des délais fixés, suivant entente « préalable entre le Gouvernement et la Banque, la « valeur des billets qui n'auraient pas été présentés « au remboursement sera versée au Trésor public « haïtien par la Banque Nationale contre décharge du « fonctionnaire compétent représentant le Gouverne- « ment. »

A faire disparaître entièrement le dernier paragraphe du même article.

Conformément au 2° paragraphe de l'article 4 du contrat, il y aurait lieu d'augmenter le capital de la Banque de 5 millions de francs en émettant à nouveau 10,000 actions de 500 francs à souscrire, le plus possible, par le public haïtien.

L'article 8 s'exprime ainsi :

« . . . .

« sans que ce commissaire puisse s'immiscer dans « l'administration de la Banque. »

Modifier comme suit le texte de cet article :

« . . . .

« . . . .

« il sera nommé près d'elle, par arrêté du Président « d'Haïti, un commissaire spécial qui sera chargé, non « seulement d'assurer la stricte exécution des condi- « tions de la concession, mais d'exercer le contrôle le « plus large sur les recettes et les dépenses publiques « en général. Ce commissaire ne pourra, en aucun cas, « s'immiscer dans l'administration privée de la Ban- « que, consistant dans ses rapports avec les tiers. »

Pour répondre entièrement au vœu formel de l'article 13 du contrat, la Banque fera le retrait du papier-monnaie dans les conditions suivantes :

Le Gouvernement lui accordera une frappe de 4 millions de gourdes (1), moyennant qu'elle fasse à sa charge le retrait de 2 millions de gourdes papier-

______

(1) On voudra bien se souvenir que c'était au commencement de 1893 et qu'il n'était pas question, à ce moment, de la créance de la Banque, créance qui obligea plus tard le Gouvernement à lui accorder une frappe pour se libérer envers elle.

monnaie. Les 2 autres millions restants feront l'objet d'une conversion des billets actuellement en circulation en billets de Banque de *1*, de *2*, de *5*, de *10*, de *20 gourdes*, remboursables au porteur et en espèces nationales. Le montant des billets échangés (soit 2 millions) portera intérêt de 5 0/0, monnaie nationale, en faveur de la Banque. Le Gouvernement s'engagera à rembourser cette avance au moyen du montant de 50 centimes de droits par 100 livres de café, convertis en monnaie nationale au taux du cours. Les intérêts seront payés semestriellement les 31 mars et 30 septembre de chaque année. Le solde du produit des 50 centimes sera affecté à l'amortissement du capital de 2 millions après le paiement du coupon de septembre.

Le remboursement intégral se fera donc dans dix ans (en prenant 60 millions de livres de café) : la dernière annuité ne devant s'élever qu'à 235,500 environ.

Article 16 à modifier comme suit :

« ART. 16. — ....
« aura un droit de commission de 1/2 0/0 sur les
« encaissements et de 1/4 0/0 sur tous les paiements
« à l'intérieur, les frais de transport d'argent restant
« à la charge de la Banque. Les paiements à opérer
« à l'extérieur donnent lieu à une commission addi-
« tionnelle de 1 0/0, la perte du change (sur les
« traites à quatre-vingt-dix jours de vue) restant à la
« charge de la Banque. »

A modifier comme suit l'article 17 :

« ART. 17. — ....

« ce crédit pourra s'élever à la somme de 600,000
« gourdes. »

Article 18 à modifier comme suit :

« ART. 18. — ....
« 2° paragraphe. — Le compte spécial des avances
« de la Banque sera réglé et balancé tous les six mois.
« Les sommes ainsi avancées porteront un intérêt de
« 5 0/0 par an.

« 3° paragraphe. — Il sera, en outre, alloué par
« l'Etat une commission de banque de 1/2 0/0 pour
« chaque période de six mois.

« 4° paragraphe. — Si la Banque trouvait opportun
« d'augmenter le chiffre de ses avances, en aucun cas
« l'intérêt sur ces avances ne pourra dépasser 6 0/0
« par an, plus une commission annuelle de 3 0/0 au
« plus, soit la moitié tous les six mois.

« 5° paragraphe. — Les reconnaissances délivrées
« par l'État à la Banque, soit dans les limites du prêt
« statutaire, soit en dehors, seront remboursables à
« leur échéance, soit en venant en déduction du crédit
« ci-dessus énoncé, soit par l'encaissement fait par la
« Banque des sommes revenant à l'État. »

Article 20 à modifier comme suit :

« ART. 20. — La Banque — en tant qu'institution
« de crédit — et ses succursales seront exemptes de
« toutes espèces de taxes et d'impôts, et il en sera de
« même pour ses billets seulement. Les employés
« étrangers faisant partie de son personnel sont assi-
« milés aux commis étrangers et soumis, comme
« l'indique la législation fiscale, à la patente. »

Comme corollaire à ces modifications, il y aurait lieu d'arriver aux combinaisons suivantes :

La Banque ferait un emprunt à l'étranger pour le compte du Gouvernement. L'emprunt ne dépasserait pas en valeur *réellement versée* la somme de 3 millions de piastres. La Banque s'engagerait à *prendre ferme* cet emprunt, — au taux d'émission de 250 francs contre des obligations de 300 francs, — ce qui en porterait le *chiffre nominal* à 3,600,000 piastres. Il serait servi un intérêt de 6 0/0 sur le montant des obligations ; le *capital versé* rapporterait donc 7.20 0/0. — Une commission de 1/2 0/0 payée à la Banque sur le solde du capital à la fin de chaque année, et sur la totalité pour la première année, la dédommagerait de tous les frais généralement quelconques de l'emprunt, lesquels frais seraient à sa charge. — En garantie de l'emprunt, le Gouvernement donnerait 75 centimes de droits par 100 livres de café, rapportant au minimum 450,000 piastres or américain (en prenant pour base 60 millions de livres de café seulement). L'annuité serait donc, pour la première année :

```
6 0/0. — Intérêts sur 3.600.000.. $ 216.000
1/2 0/0. — Commission à la Banque.   18.000
6 0/0. — Amortissement........      216.000

              ENSEMBLE.......  $ 450.000
```

L'emprunt serait remboursé par des annuités de 450,000 piastres dans dix ans, et la dixième annuité ne s'élèverait qu'à 219,000 piastres environ. De cette façon, la dette flottante en or américain consolidée serait payée au 30 septembre prochain ; à ce moment, elle s'élèvera à 2 millions de dollars environ. Le solde débiteur du Gouvernement à la Banque (780,000 piastres) serait complètement éteint, et il resterait une balance disponible, provenant de l'emprunt, s'élevant à 300,000 piastres environ.

Pour ce qui concerne la partie de la dette flottante née de nos déficits budgétaires, on pourrait facilement la consolider, et les 50 centimes actuellement affectés au remboursement, en capital et intérêts, de la dette intérieure, seraient augmentés, à cet effet, de 25 centimes de droits par 100 livres de café; ce qui ne dérangerait en rien l'équilibre du budget général.

Ces combinaisons n'exigent l'engagement que de *1 piastre 1/2* de nos droits d'exportation.

Certes, il y avait d'autres points sur lesquels il était nécessaire d'appeler l'attention de la Banque; ils relevaient en partie du mécanisme matériel de son administration et pouvaient être aisément traités contradictoirement. On les trouvera détaillés pour la plupart dans le cours de cet ouvrage.

Il y en a un pourtant que j'ai négligé et qui a bien son importance : c'est celui relatif aux états de situation.

L'article 21 du décret constitutif de la Banque s'exprime ainsi :

« Chaque mois la BANQUE publiera son état de situation dans le *Moniteur*. »

La loi est formelle; elle dit *la Banque* et pas seulement l'établissement de Port-au-Prince. Or, jusqu'ici cette obligation, même pour l'établissement de Port-

au-Prince, n'est pas remplie. En lisant les publications sommaires insérées dans le *Moniteur* on ne peut se
faire aucune idée de la situation de la Banque. Pourtant le Gouvernement a intérêt à la connaître; il a
intérêt à savoir comment elle emploie ses capitaux.
Enfin, il a pour devoir de veiller à la stricte exécution
de la loi qui veut que les états de situation soient
complets.

Un autre intérêt — d'un ordre tout à fait primor-
dial — ordonne, en dehors même de la loi qui en fait
l'obligation, que ces états de situation (siège social et
établissement de Port-au-Prince) ne soient pas tron-
qués : C'est que pour arriver à une évolution réelle
dans les finances haïtiennes il n'est pas inutile de
démontrer, par des chiffres, la prospérité et le développement de notre seule institution de crédit. Par là,
on se convaincra que le champ est assez vaste pour
que, sans nuire aux bénéfices de la Banque, il y ait
place pour d'autres capitaux appelés à des profits
rémunérateurs tout en concourant à notre relève-
ment.

Ce n'est donc pas un intérêt purement spéculatif
que celui qui consisterait à rappeler à l'institution
que, par BANQUE, l'article 21 entend siège social et
établissement de Port-au-Prince réunis. Le moyen
pratique de satisfaire au vœu de la loi est tout indiqué : en se faisant envoyer la situation du siège social
par le premier courrier qui suit la clôture du mois,
on l'aurait à Port-au-Prince entre le 20 et le 25, assez
à temps pour la publication des deux situations.

Faut-il, au seuil de ce livre, répéter ce que j'ai cent fois déclaré et que je répète de nouveau ? Je ne suis l'adversaire ni des hommes qui dirigent la Banque, ni de l'institution en elle-même : je ne suis l'adversaire que de la façon dont l'exploitation du contrat est comprise.

Je voudrais voir à la Banque Nationale d'Haïti plus de confiance, plus de foi dans l'avenir d'un pays qui, lui, a eu assez de confiance, assez de foi en elle pour lui confier ses destinées financières. C'est donc une sorte d'irritation, de dépit, plutôt, que j'éprouve quand je vois cette réserve inquiète qui rappelle celle du vieux caissier d'un roman célèbre *qui n'avait pas gonfiance*... Que diable ! c'est en n'ayant pas confiance que vous l'enlevez aux autres.

Je ne puis oublier que lors des négociations pour obtenir la cote officielle des obligations de l'emprunt Domingue, la Banque avait déclaré que cette obtention était impossible, et qu'elle fut pourtant obtenue par les seuls efforts du Gouvernement. Or, c'était bien plutôt à la Banque d'indiquer au Gouvernement l'importance qu'il y avait pour le crédit public à avoir cette consécration officielle, et à la négocier pour lui. Car, pour qui est au fait des choses de la finance, pense-t-on que l'emprunt de 50,000,000 eût été concevable sans la cote, qui de 160 francs fit monter nos obligations à 250 francs en décembre 1894 ? Pense-t-on que l'Etat eût pu offrir à ses créanciers locaux une conversion extérieure à 7 1/2, s'ils n'espéraient pour leurs nouveaux titres les facilités de placement et de réalisation dont, depuis deux ans, nos obligations de 300 francs jouissaient ?

Je ne rends donc pas la Banque Nationale d'Haïti absolument responsable de notre état économique. Elle n'a pas su l'améliorer : c'est déjà suffisant.

Au reste, les causes de cet état sont d'un ordre peut-être plus général, plus étendu. Abstraction faite des circonstances locales, on pourrait même les rattacher à une sorte de fatalité qui semble peser sur cette fin de siècle.

Un vent de folie souffle sur les finances du monde civilisé, qui, infailliblement, marche à la banqueroute. L'organisation moderne actuelle empêche toute réforme économique. Les armées permanentes, l'outillage sans cesse renouvelé des flottes, l'administration si coûteuse des services s'y opposent. Il faudra aller jusqu'au bout, jusqu'à la ruine, en passant, au préalable, par le tiers ou le quart consolidé, que les capitalistes le veuillent ou non. Le cycle sera parcouru dans son entier ; alors, on reviendra à la sagesse, à l'économie, à la raison.

Est-ce que cet exemple a été pour quelque chose dans l'accroissement des dépenses publiques chez nous ? Et y a-t-il, en matières de finances, une épidémie qui passe sur tous les peuples et à laquelle il est difficile de résister ? Nous ne savons. On serait tenté de le croire en constatant la progression et l'augmentation de nos charges depuis quelques années. En vérité, nous ne sommes pas trop démodés au regard des autres peuples.

Aucune statistique sérieuse ne nous permet d'évaluer

d'une façon précise la population de notre île. En admettant même qu'elle soit d'un million, le chiffre de notre dette serait bien près d'atteindre 150 francs par tête d'habitant. Or, et c'est là le grand malheur d'une dette qui a été créée sans représentation équivalente d'aucun service public, nous sommes rudimentairement outillés au point de vue de la civilisation et du progrès. Nous n'avons ni routes, ni chemins de fer. Notre industrie existe à peine. Notre agriculture est nulle. Ne faut-il pas prévoir le jour où il faudra faire dans notre budget la place à toutes ces améliorations et inscrire, de ce chef, de nouvelles valeurs à notre Dette publique ? Et de combien, alors, grossira la charge ?

Pourquoi la France, avec ses 32 milliards de dette et ses 854 francs par tête d'habitant. — la plus forte dette du monde et la population la plus imposée qui soit — fait-elle preuve d'une si étonnante élasticité financière ? C'est parce qu'il y a chez elle un énorme entassement de capitaux de toute sorte, une richesse accumulée par le lent travail des siècles et des générations, une puissance productive dont l'outillage et le matériel sont le dernier mot de la science et de la civilisation. En Haïti, tout est à créer. Et si nous avons 150 francs par tête d'habitant, cela devrait nous faire réfléchir et nous commander quelque prudence dans les dépenses. Il n'y a pas à s'opposer aux fructueuses et aux productives : ce sont les inutiles et les négatives, contre lesquelles il faut résolument se défendre. Et malheureusement ce sont ces dernières qui sont le

4

plus populaires et qui semblent être dans le sang national.

Chaque année nos budgets augmentent.

Peut-on soutenir que ces dépenses soient strictement d'intérêt public ? Qu'on calcule seulement ce que, depuis six ans, le seul département des travaux publics a coûté au pays et qu'on mette en regard les améliorations ou travaux réalisés. Le bilan, en leur faveur, n'en sera pas bien lourd.

Il est impossible, dans de telles conditions, d'opérer aucune réforme. Aussitôt qu'il sont dégagés, des besoins, sans cesse renaissants, font rengager nos droits de douane et les Chambres continuent imperturbablement à appliquer la théorie qu'un emprunt solde une dette. *Emprunter*, disent-elles, *c'est équilibrer. Si nous augmentons le budget des dépenses chaque année, nous donnons par contre le moyen d'y faire face puisque nous votons chaque année des emprunts.*

Avant d'arriver au ministère, j'avais écrit quelque peu sur nos finances. J'avais essayé de démontrer, notamment, ce que le rôle de notre Banque, sous le rapport de notre développement économique, avait de négatif. Or, quand je vins aux affaires on me tint impérativement ce langage : « Vous voilà au poste. Où sont vos réformes ? Où est la réalisation de vos désidérata ? La fin des procédés que vous avez critiqués ? Et tout d'abord, vous n'allez pas emprunter aux taux usuraires de vos prédécesseurs ! » Et précisément, à ce moment, legs de l'ancienne administration, on devait rien qu'à la Banque 700,000 piastres environ, rapportant

2 1/2 0/0 mensuellement. Il fallait trouver le moyen de liquider immédiatement cette somme pour pouvoir reprendre la libre disposition des droits d'importation, sans lesquels le service de l'Etat était arrêté !

Ce ne fut pas seulement le public qui tint ce langage. A la rigueur, de sa part, il eût été presque naturel. Ce fut surtout, et plus nettement encore, dans les sphères gouvernementales qu'on me dit : « Comment ! vous êtes ministre des finances, et la situation n'a pas changé ! Vous n'aviez donc pas de plan ? » En majeure partie, ceux qui parlaient ainsi étaient des vassaux de la Banque, et ne rêvaient qu'à m'étrangler en son honneur.

Pour en finir avec cette histoire de plan, je fis aux Chambres un rapport brutal sur nos finances (1).

Eh oui, j'en avais un : son principal fondement était une sage et judicieuse harmonie entre les recettes et les dépenses. Hors de là, point de salut. Ce plan si bref, et surtout si peu alléchant, ne laissa pas que d'étonner quelques-uns. Ils oubliaient volontairement une petite loi élémentaire qui avait bien son impor- tance ! C'est que la cause engendre l'effet. — Soit, c'est entendu, le capital représenté par la banque est *juif* —, Il nous pressure, il nous opprime. Il faut réfréner ses empiètements, ses appétits. Pour arriver cependant à ce résultat, ne m'obligez pas, chaque matin, à m'adres- ser à lui, à solliciter ses avances. C'est convenu, ses taux d'intérêts sont immoralement usuraires... Mais pourquoi voulez-vous qu'il les abaisse, quand, devant

---

(1) Voir *Chambres législatives*, page 138.

l'augmentation des dépenses et les besoins de l'État, vos demandes excèdent les offres qu'il peut ou veut vous faire ?

Ma situation était celle d'un prisonnier dont les bras et les jambes sont solidement ligotés, et à qui on demande de marcher. Que de fois n'ai-je pas médité la lettre d'Edmond Paul refusant le ministère, et combien les termes m'en paraissaient-ils sages et clairs !

Aussi, je recherchai les moyens de faire sentir à l'esprit public ce que cette situation avait d'illogique et de forcément déraisonnable. — J'en employai même un dont, dans le temps, je l'avoue, je n'eus pas à me louer — J'avais signalé à la Banque, en lui remettant un mandat de 422,621.68 piastres pour ses commissions, primes et intérêts payés pendant l'exercice 1891-1892, l'énormité de ces chiffres qui pesaient lourdement sur le budget de la République. La Banque riposta que si la République était malade, le mal était dans les gros budgets et, par déduction rigoureuse, dans les gros emprunts dont ils étaient la conséquence forcée.

L'argument, juste en thèse générale, n'avait aucune valeur dans le cas spécial qui nous occupait, la Banque pouvant, nonobstant, alléger nos charges en diminuant les intérêts qu'elle nous faisait payer. Mais à mes yeux cet argument parut saisissant et je crus que le public ne manquerait pas d'en comprendre toute la signification. Il me parut même qu'il était piquant de voir l'établissement qui justement était accusé de profiter le plus de nos emprunts déclarer que c'était là notre plaie. Je pensai que cette force nouvelle apportée à l'argumentation quotidienne que je soutenais la ferait définitivement triompher. Et puis, l'opinion publique ne constaterait-elle pas que si cet argument était juste, il n'était pas moins humiliant pour l'État de l'avoir mérité ? — Et n'appuierait-elle pas la réforme de notre budget des dépenses afin que demain on ne pût nous faire ainsi la leçon !

Je me trompai complètement. On me reprocha de ne pas avoir répondu à la Banque : « De quoi vous mêlez-vous ? Est-ce votre affaire ? S'il nous plaît de nous endetter, est-ce que cela vous regarde ? » Enfin, de n'avoir pas fulminé contre elle un *quos ego* en règle.

On comprend que rien ne m'eût été plus facile et, Dieu merci, dans ma correspondance avec cet établissement, chaque fois que j'ai cru que la dignité et les intérêts de l'État le commandaient, j'ai su prendre le ton qui convenait.

Mais ici, je le répète, je ne vis dans la réponse de la Banque qu'un appui inespéré en faveur de la thèse que je défendais. Et, dans ma naïveté, je crus que cet appui venant de cette source aurait encore une force plus grande et que notre patriotisme attristé surtout se répéterait : « Oui, là est le mal. Ne dépensons donc plus comme des prodigues afin de ne plus nous attirer de semblables réponses de ceux même qui profitent le plus de nos folies. »

J'oubliai, à mon grand dam, que le peuple est simpliste et qu'il faut plutôt s'adresser à son sentiment qu'à sa raison. Et je perdis, au dire de tout le monde, une excellente occasion d'utiliser une bonne *plume* de Tolède. Je ne le regrette pas, car c'eût été au détriment de la vérité et de mes idées.

Celui qui écrirait l'histoire de nos emprunts sur place ferait une page intéressante et qui éclairerait d'un jour significatif bien des côtés de notre situation économique. Cette page pourrait constituer en grande partie l'histoire même de nos finances durant ces quinze dernières années. Elle serait, en tout cas, celle de la Banque Nationale d'Haïti depuis son installation chez nous.

Les matériaux, je le sais, pour l'écrire seraient peut-être difficiles à trouver: on n'a pas toujours pris soin de porter à la connaissance du public les conditions auxquelles ces différents emprunts étaient contractés. Et, d'un autre côté, ceux qui existent sont disséminés dans maints recueils et obligeraient à des recherches et à des travaux préparatoires que notre vie hâtive ne nous donne pas toujours le loisir d'entreprendre.

J'ai essayé, dans une sphère très restreinte, de 1886 à 1892, de rechercher les conditions dans lesquelles les emprunts locaux se contractaient chez nous et j'ai trouvé le tableau suivant. Ce n'est pas assurément les seuls qui se soient négociés durant cette période. Du reste, ce n'est point là le but que j'ai cherché. J'ai tenu à mettre en relief les conditions courantes auxquelles l'État empruntait jusqu'en 1892. Il a pu aussi contracter à des conditions plus dures : certainement il n'a pas, durant cette période, obtenu des avantages plus marqués.

EN BILLETS REMBOURSABLES EN OR AMÉRICAIN AU PAIR

DATE DE L'EMPRUNT	SOMMES	TOTAL
	$	$
15 AVRIL 1886, dont :		
Billets contre or (change très élevé)..		1.000.000 »
29 NOVEMBRE 1886 :		
Billets contre or (réglé immédiatement)		70.000 »
23 DÉCEMBRE 1886 :		
En billets	150.000 »	
En feuilles au pair.	15.000 »	
Remboursable en or................		165.000 »
29 JANVIER 1887 :		
Billets contre or et 50 0/0 en feuilles au pair		90.885 »
15 AVRIL 1887 :		
Billets contre or et 50 0/0 en feuilles au pair		181.400 38
19 AVRIL 1887 :		
Billets contre or et 50 0/0 en feuilles au pair		267.187 50
19 NOVEMBRE 1887 :		
Billets contre or et 5 0/0 sur le chiffre (réglé très vite)...................		295.661 22
7 AOUT 1888 :		
Billets contre or (intérêts de 1 0/0 par mois et 3 0/0 de commission sur le chiffre................................		80.000 »

DATE DE L'EMPRUNT	SOMMES	TOTAL
	$	$
13 décembre 1888 :		
Billets contre or (1 0/0 d'intérêt par mois)......		250.000 »
9 mars 1889 :		
Billets contre or (1 1/2 0/0 d'intérêt par mois)......		600.000 »
12 octobre 1889 :		
Billets contre or (1 1/2 0/0 d'intérêt par mois)......		1.000.000 »
6 mars 1890 :		
Billets contre or (1 0/0 d'intérêt par mois)......		913.125 »
12 décembre 1890 :		
Traites à 5 1/3......	300.000 »	
Feuilles $166.666.66 à 60 0/0 (6 0/0 d'intérêts par an)......	100.000 »	400.000 »
3 juillet 1891 :		
Billets contre or (1 0/0 d'intérêt par mois)......		87.000 »
22 juillet 1891 :		
Billets contre or (1 1/2 0/0 d'intérêt par mois)......		633.180 »
27 janvier 1892 :		
Billets contre or (1 1/2 0/0 d'intérêt par mois)......		1.800.000 »

Deux éléments ressortent de ce tableau : le premier, c'est que l'État, jusqu'en 1892, prenait du papier au pair contre l'or. Le second, c'est que pendant longtemps il accepta dans ces emprunts qu'une partie fût versée en feuilles, soit au pair, soit avec une différence qui n'était, on n'a pas besoin de le dire, jamais en rapport avec le taux du commerce. On comprend combien désavantageuses pour lui devaient être de telles opérations, car le change souvent montait jusqu'à 50 0/0 et les feuilles et ordonnances s'escomptaient jusqu'à 75 0/0. Mais on entendait couramment soutenir à cette époque par ceux qui y avaient intérêt que l'État, en prenant son papier-monnaie et ses feuilles et ordonnances au pair, ne faisait que son devoir et qu'en agissant autrement il proclamerait officiellement sa banqueroute.

Si on objectait que pourtant il était dur de vendre à l'État au pair un objet qui, commercialement, ne valait que 75 0/0, on répondait que l'État n'était pas commerçant et que son honneur strict l'obligeait à recevoir, en tout temps, sa signature à son taux d'émission.

Ce raisonnement avait pour le public plusieurs fâcheux inconvénients, entre autres celui de favoriser l'agio sur le papier-monnaie dans des proportions extravagantes. A la veille de telle opération encore mystérieuse, on voyait le change grimper la cote avec une telle rapidité qu'on se demandait, inquiet, quel événement menaçait notre ciel politique. Et quelques jours après que les courtiers assermentés ou non eussent bourré les uns et les autres de traites vendues à terme à tous les taux possibles, la détente se produisait et le soleil de la haute finance se levait radieux dans un ciel complètement lavé.

Plus tard, sous mon ministère, ces conditions s'améliorèrent et l'État put obtenir une prime de 10 0/0 pour son or. A un moment même, il refusa plus de 1,290,000 gourdes qui lui furent offertes spontanément à 10 0/0 de prime et 1 0/0 d'intérêt (1). Je dois dire que cette offre fut faite par le commerce de Port-au-Prince et de quelques autres villes de la République en dehors de la participation de la Banque et de sa clientèle.

Elle fut la première manifestation de cette concurrence entre les capitaux que j'essayai de créer et qui, malheureusement, ne fut pas comprise par ceux-là même qui y avaient le plus puissant intérêt. Le Gouvernement repoussa cette offre, donnant ainsi à penser qu'il ne soutenait pas les efforts qui étaient tentés en sa propre faveur. Mieux avisé, il eût accepté. Mais il faut que dans toute chose des considérations absolument étrangères se glissent pour en détruire le caractère et la portée. Ceux qui intriguèrent à ce moment crurent m'infliger un grand échec en empêchant l'État de constater l'amélioration de son crédit. Ils ne virent que moi; ils ne virent pas le résultat qui, pour restreint qu'il fût, n'était pas moins appréciable.

Au surplus, je ne fus pas long à me convaincre qu'il

______

(1) *Chambres législatives*, page 303.

n'y avait rien absolument à tenter sur place et que tout le temps qu'il resterait sur nos droits d'exportation le plus léger centime pouvant être affecté à un emprunt public, on n'obtiendrait ni le concours de la Banque, ni celui des capitaux syndiqués à sa suite, pour une amélioration éventuelle dans nos finances.

Je l'ai dit et je le répète, c'était humain et il n'y a à vouloir à personne de pratiquer de tels sentiments. Seulement, le devoir de l'État était de chercher à se dégager d'une façon ou de l'autre.

En 1893, dans l'exposé général de la situation, je disais aux Chambres :

« Telle qu'elle est, si notre situation financière commande des mesures immédiates, elle est loin d'être compromise. Ces mesures, toutefois, il faut les prendre avec vigueur et persévérance.

« Au premier rang de toutes, il faut placer l'économie, mais une économie réelle, palpable. — C'est au Corps législatif à vouloir sérieusement l'économie et à l'imposer par l'exemple à tous. On ne comprendrait pas un ministre des finances qui, pour ce but, ne vous prêterait pas son plus ferme appui. Il n'aurait pas de plus cruel ennemi que soi.

« A côté de l'économie, il faut arriver coûte que coûte à un meilleur aménagement de nos finances. Dans cet ordre d'idées, la première chose qui s'impose, c'est le remboursement ou l'appropriation de notre dette flottante dont les charges écrasantes, et appelées encore à grossir si l'on n'y prend garde, sont une pierre d'achoppement à l'équilibre de notre budget.

Cette opération bien conduite nous permettra d'avoir la disponibilité d'une partie de nos droits d'exportation, grâce auxquels le Trésor arrivera à faire face aux besoins du service courant. »

En 1894, à propos du cours de nos obligations, je m'exprimais ainsi devant le Corps législatif :

« C'est le crédit du pays qui se relève à l'extérieur. Il est bon de poursuivre cette œuvre sans relâche, car il faut songer que, nos ressources étant insuffisantes pour assurer par nous-mêmes la transformation économique de notre pays, il faudra fatalement s'adresser à l'étranger. Il faut donc se mettre en état d'obtenir ce concours au meilleur marché possible en favorisant la cote de notre unique valeur extérieure. Plus cette cote sera élevée, plus le taux auquel nous pourrons emprunter s'abaissera. »

Et j'ajoutais :

« Les intérêts, de même que l'affectation qui sert de garantie à nos emprunts unifiés, sont trop élevés. Mais la loi, heureusement, met aux mains de l'État l'instrument nécessaire pour améliorer ces charges. Et il est hors de doute que quand on le voudra on pourra, à l'aide d'une opération facile et tout en réduisant l'intérêt et la garantie de moitié, obtenir pour le service public une somme presque double de celle nécessaire à l'acquittement du solde des emprunts unifiés au 30 septembre.

« Il nous a été fait, à l'extérieur, plusieurs offres d'emprunt avantageuses, si on les compare aux conditions auxquelles la République était habituée dans un passé assez récent. Ce ne sont plus des intermédiaires en quête de commission qui veulent traiter avec nous ; ce sont des établissements de premier ordre. Et il est satisfaisant de constater que tandis que le crédit de plusieurs nations, européennes même, s'éteint presque, le nôtre se fait connaître et apprécier à l'étranger grâce aux efforts persévérants du Gouvernement. Si nous sommes sages, nous trouverons là le levier qui nous permettra de changer la face de notre pays (1). »

Je préparais donc cette évolution que je jugeais indispensable dans nos finances. J'y mettais pourtant une condition non moins nécessaire : l'équilibre réel de notre budget. Il était fâcheux, selon moi, que cette évolution, au lieu d'être imposée par l'avancement et le développement du pays, ne le fût, en réalité, que pour payer des sommes déjà consommées, on pourrait dire gaspillées, mais le passé suffisait et il ne fallait pas y persister. Préparer le terrain économique de notre appel à l'étranger, tout en subordonnant rigoureusement cet appel à une sérieuse réforme des dépenses, tel était le rôle que la prudence me semblait commander.

Je dois ajouter un mot sur la disposition des pouvoirs publics, à cette époque, au sujet d'un emprunt à l'extérieur. Cette disposition, je le dis nettement, n'était pas favorable, et si elle l'est devenue plus tard, ça a été uniquement la nécessité qui y a forcé.

____

(1) *Les Chambres législatives d'Haïti*, pages 184, 301, 302, 305.

L'histoire de l'emprunt Domingue était restée vivante dans toutes les mémoires et on craignait instinctivement les dangers et les embarras d'une nouvelle dette extérieure. On y était donc quelque peu rebelle, même dans les Chambres. Comme alors il y avait 0.96 centimes libres sur les cafés, on trouvait naturel de les engager d'abord; après, on verrait. Tout le temps qu'ils n'auraient pas été consommés, on ne trouvait pas nécessaire de faire appel à l'étranger.

Les Chambres législatives et aussi le Conseil des secrétaires d'État opinaient pour réserver la question jusqu'au moment où, n'ayant plus de gages à offrir aux prêteurs, l'on serait acculé au bord du fossé. Il est vrai que l'on se dépêchait d'y arriver.

Cet état d'âme, pour d'autres motifs, il est vrai, était le même qui dirigeait la Banque Nationale d'Haïti.

Quand je commençai à chercher à intéresser le marché étranger à nos finances, elle resta parfaitement indifférente à ces tentatives, persuadée qu'elles n'aboutiraient pas. Elle ne s'y intéressa que quand elle s'aperçut qu'on nous faisait ailleurs des propositions. Égoïste et humain — car elle défendait le terrain où elle régnait — ce sentiment de sa part ne pouvait être que restrictif : l'État avait encore des gages à offrir, et logiquement, selon elle, il devait s'adresser sur place.

Sa libération ne pouvait avoir aucun autre résultat — ainsi qu'elle le disait textuellement — que *de se faciliter à lui-même les moyens de trouver de nouveau, sur place, le cas échéant, de l'argent dans le cas où il en aurait besoin* (1.).

Or, tout le temps qu'il y aurait un centime disponible sur nos droits de douane, jamais la Banque ne patronerait une opération financière extérieure. On peut donc dire que c'est de l'excès même de nos maux que pouvait sortir peut-être un jour une certaine amélioration de nos charges publiques.

En septembre 1895, comme il n'y avait plus rien à engager et qu'un État, ma foi, veut toujours vivre, force fut aux porteurs de nos emprunts, non seulement de se prêter à une combinaison qui devait remettre au Trésor quelques ressources nouvelles, mais encore de faciliter, d'aider cette combinaison, d'en être les chauds défenseurs. La Banque Nationale d'Haïti, à part ses intérêts comme prêteur qui l'y forçaient, aurait eu la désapprobation et le mécontentement de sa clientèle en ne donnant pas à l'opération tout son appui. Elle fit donc ce qu'elle put et l'événement démontra que ce n'était guère.

Cependant, à l'époque dont je parle, son état d'âme, en ce qui avait trait à un emprunt extérieur, ne différait pas, et pour la raison que je viens d'expliquer, sensiblement de celui des pouvoirs publics.

Ces considérations, qui ont bien leur valeur, et la conviction absolue dans laquelle j'étais que la création d'une institution en concurrence avec la Banque Natio-

____

(1) *Le Département des Finances et du Commerce d'Haïti*, page 98.

nale d'Haïti pouvait seule améliorer d'une façon durable notre situation financière, me firent négliger les périls de l'entreprise et les difficultés presque insurmontables qu'elle devait présenter, pour essayer de la réaliser.

Je reste persuadé que le terrain était assez grand pour permettre le développement rationnel de deux institutions similaires. Je reste persuadé aussi que les intérêts de la première n'auraient pas souffert de la nouvelle création. L'expérience atteste ce que j'avance ici. La concurrence ne ruine pas les établissements financiers, quand surtout, comme dans ce cas, elle n'était ni excessive ni privilégiée. Elle aurait été plutôt l'utile aiguillon stimulant l'apathie où l'on s'endormait ; elle aurait rendu surtout plus pratiquement intelligente l'exploitation du crédit public chez nous.

Au lieu de le surmener, ce crédit, afin d'en tirer tout de suite son *summum* de rendement au risque de l'épuiser, on le ménagerait, désormais, comme on ménage toute œuvre d'avenir aux profits rémunérateurs devant s'augmenter logiquement d'année en année. De cette façon on ne risquerait plus de se trouver, comme trop souvent le cas est arrivé, en face de ces brusques temps d'arrêt, de ces effondrements subits, résultat de l'épuisement de la bête, de son impossibilité d'aller plus loin. Car il faut, en tout, compter avec les forces humaines qui ont une limite et un maximum de tension.

Combien difficile de faire comprendre ces vérités,

même à ceux dont elle sont la sauvegarde ! Combien difficile de lutter contre des adversaires intransigeants et dont l'intransigeance est d'autant irréductible qu'elle s'appuie sur cet axiome si vrai : *Beati possidentes !* quand on n'a même pas avec soi ceux qui devraient être vos alliés naturels !

C'est la volonté fortement manifestée d'un chef d'État qui avait fait la Banque Nationale d'Haïti. Il y aurait injustice de l'oublier quand on envisage l'échec de la Banque de Port-au-Prince. Je n'avais à mon service que ma parole à la Chambre. J'en ai usé de mon mieux. J'avoue, sans fausse grâce, que ce n'était pas suffisant.

Egarée par l'argumentation sophistique de quelques journaux dont l'un alla jusqu'à m'adresser l'apostrophe classique :

Jusques à quand, ô Catilina, abuseras-tu de l'opinion publique !

la Chambre vota le principe (?) de la *pluralité des Banques* et quand ce principe sombra, dans une minute de ce qui semblait être un retour au bon sens, elle se rallia sur-le-champ : « *au droit du gouvernement d'accorder les mêmes privilèges à tous autres groupes de capitalistes qui voudront fonder des institutions semblables en se conformant aux prescriptions de la présente loi* ». Ce qui était au fond la même chose. Mais ce vote même ne rassura qu'à demi. Pour en finir, on recourût au boucan, la suprême raison de ceux qui n'en ont plus : la discussion ne put jamais reprendre.

Je le demande à mes adversaires aujourd'hui que la

lutte est finie et qu'elle n'a plus qu'un intérêt platonique : n'était-ce pas une plaisanterie que cette pluralité des Banques ? Le beau raisonnement ! Vous demandez la concurrence ? C'est bien : nous vous l'accordons, mais nous vous l'accordons dans toute sa plénitude. Ce n'est pas une Banque, c'est dix, cent qu'il nous faut. Chaque commune de la République en aura une. La voilà, la vraie concurrence.

On soutint sans rire à la tribune ces enfantillages. Pour les défendre, on adjura les principes de la plus transcendante économie politique, le tout panaché d'invocation à l'Histoire et à la Postérité. Et la Chambre vota, chaque député se croyant, en conscience, obligé de doter sa commune d'une Banque d'État ! Personne ne se posa la question si ce vote, qui n'enlevait le moindre fleuron à la couronne de privilèges de l'ancienne Banque, n'était pas, au fond, la consécration indéfinie de son monopole. Elle seule restait privilégiée en face d'une rivale condamnée, dès sa naissance, à la rivalité de tout le monde ! Quel était le capitaliste qui, dans ces conditions, consentirait à adopter cette bâtarde ?

On le comprend bien, dans la pensée de ses auteurs, cette proposition n'était pas sérieuse : elle n'était qu'un traquenard, qu'un piège destiné à faire trébucher le projet de la nouvelle Banque dans son principe même. La *pluralité des Banques*, comme argument, était de la force du raisonnement qui, le jour de la discussion générale, faisait observer aux députés que le pavillon de la Présidence ne flottait pas au mât de l'édifice. Ce qui signifiait clairement que le Président, en se retirant de grand matin sur son *habitation* de *Mon-Repos,* se désintéressait du sort de la loi.

J'ai dans le volume : *Les Chambres législatives d'Haïti,* donné le projet de la Banque de Port-au-Prince, projet que j'ai fait suivre de quelques appréciations (1); j'ai aussi, dans le même ouvrage, dit quelques mots de l'émission des billets garantis en or et remboursables en or (2).

On sait que c'était le point fondamental de la nouvelle loi. Personne n'avait songé, avant moi, à ce moyen qui pouvait constituer un levier assez solide pour permettre la formation d'une institution de crédit en concurrence avec celle qui existait déjà. Et il était tellement solide, ce levier, que pour le briser et rassurer, dans l'avenir, cette institution, il n'a pas fallu moins d'une disposition législative nouvelle votée après moi..... Ce seul fait a démontré que j'étais dans le vrai en soutenant que le privilège de la Banque n'était que celui du billet remboursable et garanti en monnaie métallique. Ses billets ayant cours légal, — c'est-à-dire devant être obligatoirement acceptés par tout le monde — on fut obligé, à son installation, de créer l'unité de monnaie dans le pays. D'où coïncidence de l'établissement de la Banque et de la réforme monétaire. Puis, obligation de déclarer que les billets ne seraient remboursables qu'à Port-au-Prince et dans les agences de la Banque en Haïti. D'ailleurs, si on

____

(1) *Les Chambres législatives d'Haïti,* pages 273 à 294.
(2) *Les Chambres législatives d'Haïti,* page 377.

vent avoir l'opinion de cet établissement sur la valeur de son privilège d'émission, on n'a qu'à lire les lignes suivantes extraites d'une brochure éditée par la Banque elle-même (1) :

« En dehors de l'escompte commercial, le billet de Banque devrait avoir pour principal rôle de faciliter le règlement des transactions et le mouvement des caisses en y remplaçant le numéraire. Mais c'est ici que, sans parler de la trop grande élévation des coupures légales, il convient d'examiner la portée juridique et pratique de l'atteinte portée au privilège d'émission de la Banque par les émissions successives de papier-monnaie. L'intention de la Banque n'est nullement de récriminer contre les faits accomplis. Elle a fait en temps opportun des réserves qui lui ont été dictées par le souci de sa responsabilité vis-à-vis des actionnaires et qui sont demeurées platoniques. Depuis, dans un but de régularisation et de sauvegarde des intérêts de la communauté, elle a même assumé la charge de l'émission et du contrôle matériel de l'une des émissions gouvernementales.

« Il ne s'ensuit pas moins, au point de vue juridique, que ce qui était faculté, même avant l'atteinte portée aux articles 9 et 13 du contrat de Banque, ne saurait être obligation après; d'autant plus qu'au point de vue pratique, l'émission du papier-monnaie a annulé le privilège d'émission de la Banque et la

______

(1) *Banque Nationale d'Haïti.* Escompte commercial et forme du crédit en Haïti, émission des billets de Banque, page 11. (Imprimerie de la Jeunesse à Port-au-Prince, 1892.)

possibilité d'en user, même avec la meilleure volonté du monde.

« La monnaie métallique, par suite de l'émission du papier-monnaie, a été chassée de la circulation : partie (la plus petite portion) a émigré; le reste est devenu monnaie de thésaurisation. — Si l'on voulait acheter des gourdes métalliques pour une somme appréciable, il est impossible de prévoir quelle prime il faudrait payer pour les obtenir.

« Dans ces conditions, la Banque serait acculée à l'impossibilité de rembourser ses billets en numéraire, et il est de son devoir le plus rigoureux d'éviter ce danger.

« Sous le régime monétaire actuel, la Banque ne pourrait émettre ses billets de Banque avec sécurité pour elle *qu'autant qu'elle serait autorisée par une loi à les rembourser en papier-monnaie.* »

Du reste, dans le corps de cet ouvrage, on trouvera théoriquement discutée cette question de l'émission en or des billets de la Banque.

A la Chambre, ce ne fut pas la discussion sérieuse, légale, doctrinale de la Convention de 1880 que les adversaires de la Banque de Port-au-Prince portèrent à la tribune. Au fond c'était, ou ce devait être, l'intérêt supérieur du débat : Oui ou non, l'État haïtien avait-il, en face des avantages accordés antérieurement à la Banque, le droit de créer une institution rivale ? Le contrat présenté à cet effet violait-il les privilèges de la Banque ?

La discussion, envisagée à ce point de vue, eût été ample et profitable à tout le monde. Aucun orateur ne voulut, et pour cause, la porter sur ce terrain scientifiquement pacifique. Il était plus facile et plus habile pour le but poursuivi de faire voter la *pluralité des Banques* qui concédait une petite banque à chaque commune de la République !

On comprend quelle fut ma tristesse devant cet avortement...

Heureusement, ce n'est pas le succès qui fait seul le triomphe. Ou plutôt à côté du triomphe extérieur, il y a place pour la satisfaction du combattant malheureux d'une cause juste et vraie.

La vie, en somme, pour l'homme public, c'est l'effort, c'est la lutte pour ce que notre conscience croit salutaire et favorable à notre pays et à nos semblables. Pouvons-nous avoir la prétention de réussir quand même ? Ce serait de l'orgueil et de la folie. Car il ne suffit pas que le grain soit de toute qualité, il faut encore que le sol y soit préparé et que la saison des semailles soit propice.

Si j'avais été vaincu dans une lutte de principe sur la convention organique de la Banque d'Haïti, s'il m'avait été démontré que je n'avais pas le droit d'essayer de réformer le contrat passé avec cet établissement, s'il avait été établi, en toute loyauté et en toute sincérité, que la création d'une nouvelle institution de crédit n'était pas le vrai moyen d'améliorer la situation financière générale du pays, je ne me serais peut-être pas consolé de ma défaite. Il n'en est rien.

Et je reste persuadé que le verdict d'aucun homme de bon sens ne ratifiera jamais cette plaisanterie de la *pluralité des Banques*.

LE MONITEUR

Journal officiel de la République d'Haïti

CHAMBRE DES DÉPUTÉS

SÉANCE DU 1ᵉʳ SEPTEMBRE 1893

Présidence de M. le député P.-A. Stewart

M. FRÉDÉRIC MARCELIN. — J'ai l'honneur de déclarer tout d'abord que, par attaque dirigée contre la Banque, il faut entendre l'obligation que je fais à la Banque de remplir le rôle que remplissent les établissements de crédit similaires dans tous les pays. Si, forcer la Banque à exécuter ses engagements, l'obliger à rester dans le contrat qu'elle a consenti, à observer non seulement la lettre, mais aussi l'esprit de ce contrat, car, Messieurs, c'est un peu pour le bien public que nous avons créé la Banque, — si tout cela constitue une attaque, je déclare que c'est une attaque que je dirige contre elle.

Depuis des années, je soutiens cette lutte que je crois bonne et patriotique ; je la poursuis jusqu'à ce jour et je vois dans cette Assemblée d'honorables amis qui ont eu à combattre naguère au Parlement le bon combat avec moi. Non, Messieurs, la Banque n'est pas attaquée dans le sens qu'on veut bien donner à cette expression. Je prise trop haut cette institution pour agir ainsi. Ce n'est pas l'attaquer que de vouloir la création d'une institution rivale; c'est simplement la concurrence, la concurrence qui profitera à l'Etat, car quand il y aura une autre institution semblable, la Banque d'Haïti sera obligée de rentrer dans son véritable rôle économique ;

elle sera forcée de ne plus nous faire des promesses souvent illusoires.

On s'est contenté jusqu'à ce jour de phrases pour la rappeler à son devoir. Il n'est pas toujours bon de faire des phrases. Il faut agir, c'est ce que je fais. Je réponds à l'honorable député que, à mon sens et au sens de tout le pays, la Banque n'a pas rempli tous ses devoirs, lesquels étaient implicitement contenus dans son acte constitutif. Qu'a-t-elle fait, en résumé, pour le bonheur du peuble haïtien? Pourtant elle a gagné beaucoup d'argent. Eh bien! sa fortune aurait doublé, quintuplé, si elle avait consenti à s'occuper des opérations d'une véritable Banque. Le pays aurait eu l'avantage de tirer au moins quelque profit, quelque résultat des sacrifices qu'il fait pour elle.

Pouvons-nous oublier, Messieurs, que l'escompte même, qui est la vie, le principal rouage des Banques modernes, n'existe même pas chez nous? Elle s'appelle Banque d'escompte. Mais qu'escompte-t-elle, en définitive? La fortune nationale simplement et jamais le papier d'un négociant ne s'est négocié dans ses bureaux. Voilà les raisons qui m'ont porté à combattre la Banque et qui font que je continuerai à la combattre. Et si le député s'était souvenu des paroles adressées par l'Assemblée nationale à Son Excellence le Président de la République, il ne m'aurait certes pas posé les questions qu'il m'a fait l'honneur de me poser.

Voici le passage de la réponse de l'exposé général de la situation auquel je fais allusion :

« Le rapport qui nous est fait sur la situation de la Banque Nationale, ses rapports avec le Gouvernement et le rôle négatif pour ne pas dire nuisible qu'elle joue dans notre vie commerciale est bien propre à peiner nos cœurs de patriotes.

« Ce n'est pas la première fois que de telles accusations sont portées contre cet établissement financier qui, dans l'esprit du législateur, devait être si utile au développement et à l'amélioration tant de nos finances que de notre commerce et à nos autres industries.

« Nous espérons qu'à ces nouvelles déclarations ne se borneront pas le zèle et les efforts du secrétaire d'Etat des Finances.

« Puisse le remboursement du prêt statutaire être le *premier acte* d'une politique financière qui ramènera à son véritable rôle une Banque entourée de tous les privilèges, qui s'enrichit sans courir aucuns risques et n'observe pas pourtant toujours envers les représentants du Pouvoir Exécutif tous les égards qui leur sont dus. »

Et qui parle ainsi? C'est vous, Messieurs les députés, c'est vous-mêmes, c'est l'Assemblée Nationale s'adressant au Pouvoir Exécutif. Notre devoir est de toujours observer votre volonté, d'être toujours prêt à l'exécuter : je me suis donc incliné devant la volonté de l'Assemblée Nationale qui m'ordonnait d'agir, et, à côté des déclarations, j'ai mis les faits et les actes. Le Ministre des Finances, dans l'occurrence, avait pour obligation d'obéir aux injonctions que lui faisait le peuple par l'organe de ses mandataires ; s'il a commis une faute, il faut avouer que vous êtes de compte à demi avec lui.

Quand donc on dit que c'est M. Frédéric Marcelin, Ministre des Finances, qui a eu l'initiative de tout ce qui se passe, on fait une erreur. Cette initiative, cet honneur, il les partage avec vous, mandataires de la nation, avec vous qui avez commandé d'agir ! Fidèle exécuteur de vos volontés, il les a exécutées et vous ne pouvez pas lui reprocher son obéissance.

Du reste, quelle déception éprouverait ce peuple qui est là, qui attend, avec impatience, le résultat de vos délibérations et est convaincu que vous allez prendre une décision en harmonie avec vos solennelles déclarations d'hier ?

Oui ! à chaque fois que vous avez voulu faire quelque chose d'intelligent, d'utile pour le pays, ce peuple est là, il vous écoute, prêt à vous blâmer ou à vous louer, et, aujourd'hui encore, vous ne lui manquerez pas, vous ne manquerez pas à vous-mêmes ! Ce n'est pas seulement la destruction des Bastilles politiques qui immortalise, la réduction des Bastilles financières est méritoire aussi.

M. Frédéric Marcelin. — Je ne puis répondre, en ce moment, à cette question, cela nous entraînerait trop loin.

Quant à la première partie, j'y réponds, en déclarant que le Gouvernement ne vient pas vous présenter un projet bâti sur le sable ; il ne vient pas vous dire : « Votez ce projet et nous irons chercher ensuite un groupe de capitalistes. » On fait cela quelquefois, mais ce n'est pas toujours sérieux et on n'est jamais bien sûr de réussir.

Nous avons eu l'adhésion d'un groupe de capitalistes qui nous ont dit : « Nous acceptons dans telle ou telle condition. » Je déclare, pour qu'aucune mauvaise interprétation ne soit donnée à ma parole, qu'il n'y a pas de syndicat prenant exclusivement l'affaire et excluant tout le monde. C'est absurde de penser une telle chose. Si vous votez le projet de loi, ce groupe — dans le cas où la concession lui serait donnée, car s'il est engagé avec l'Etat, l'Etat ne l'est pas avec lui — est obligé d'accepter la souscription de tous. En un mot, nous avons entendu créer une vraie Banque Nationale. Après que la Banque Nationale a obtenu de si beaux bénéfices, nos concitoyens, s'ils comprennent bien leurs intérêts, ne peuvent pas hésiter à apporter à la nouvelle Banque de Port-au-Prince leurs capitaux.

. . . .

M. Frédéric Marcelin.— La lecture du projet répond pour moi : Nous entendons créer une Banque et non plusieurs Banques. Non seulement nous n'avons pas de capitaux suffisants pour en créer plusieurs, mais nous serions naïfs et ridicules de demander plusieurs Banques en Haïti, quand nous avons tant de peine à en établir une autre à côté de l'ancienne ! Du reste, la pluralité des Banques est une vieille question économique déjà jugée et il faut qu'elle cache quelque chose pour qu'on la réveille ici.

. . . .

M. Frédéric Marcelin. — L'honorable député, dans sa série de huit points, a embrassé toute la science économique. Il va m'obliger, pour répondre à ses questions, de faire un développement que je voudrais épargner à l'Assemblée, prévoyant déjà que je serai obligé de répondre à d'autres orateurs. Mais il faut bien que chacun ici se pénètre de l'im-

portance de la question que nous traitons. Elle n'est pas
seulement importante, elle est spéciale. Et je suis heureux
de constater, par la variété des huit points qu'il a abattus
devant vous, que l'honorable député semble en être bien
pénétré.

Il y a quelques années, nous eûmes, ou du moins le pays
eut la malheureuse chance de faire le contrat de la Banque
Nationale d'Haïti dans les conditions que vous savez et,
pour rappeler un mot qui me vient à l'esprit, on dirait
que ce contrat avait été conclu par un financier qui,
de sa vie, n'avait vendu un cheval. En effet, pour un capital
de cinq millions de francs versés, on arrivait à nous
faire payer une commission annuelle de 420,000 piastres,
près de la moitié du capital.—Il y eut même mieux que cela.
On avait donné à la Banque, comme don de joyeux avène-
ment, la frappe d'une monnaie nationale d'argent dont le
chiffre devait s'élever à P. 2,000,000. Le bénéfice, qui fut
grand, fut encaissé par elle et elle se garda bien de frapper
la monnaie d'or qui était ordonnée par la loi, mais qui ne
devait pas rapporter autant.

Pourtant, Messieurs, il ne fallait pas de grands efforts
pour nous doter d'une Banque telle que celle qui fut créée à
l'époque. Mais le mal est fait. Il en résulte que la Banque
Nationale est un rouage que nous devons améliorer et conserver. — Si habituellement nous disons d'elle que c'est
une Bastille, il ne s'ensuit pas que personne doive l'attaquer
dans ses fondements. Faisons mieux, rendons-la habitable à
tous. Nous pouvons le faire facilement.

Nous y arriverons en établissant la concurrence et en créant
une nouvelle Banque à côté de l'ancienne.

Mais, il faut déjouer d'abord la tactique de ceux qui défen-
dent la Banque Nationale d'Haïti et se constituent les adversaires de la nouvelle Banque. Ils nous disent qu'il ne faut
pas créer, par exemple, à côté de l'ancienne Bastille, une
nouvelle.

. . . . ,

M. FRÉDÉRIC MARCELIN. — Fort bien, mais voyez l'artifice
de nos adversaires. Ils ajoutent : « *Soit, vous voulez la
concurrence, mais nous, renchérissant sur ce que vous*

demandez, nous voulons la concurrence large, générale, sans limites. Nous proclamerons la liberté des Banques de façon que chaque ville de la République ait une Banque. » Eh bien ! je dis qu'il n'y a là aucune habileté; il n'y a que de la simplicité. C'est le même raisonnement que celui qui consistait à dire que, pour détruire l'amour du galon, il fallait prodiguer les grades. Le galon est plus solide que jamais.

Je reviens aux questions qu'on me fait l'honneur de me poser; je n'ai pas la prétention d'y satisfaire complètement, car je ne suis pas un professeur d'économie politique. Mais je puis donner certaines explications pratiques qui auront, je l'espère, l'approbation de mon interlocuteur.

Messieurs, la principale difficulté pour nous de créer un nouvel établissement de crédit est que, chaque fois qu'un capitaliste sollicite l'autorisation d'établir une nouvelle Banque, ce capitaliste nous demande tout d'abord : « *Qu'avez-vous à nous offrir, vous avez tout donné à l'ancienne Banque ?* » Or, si vous ne fondez pas une nouvelle institution, pendant trente-huit ans encore, vous aurez à supporter les exigences de la Banque actuelle : pendant trente-huit ans, vous continuerez à être liés et rivés à elle, sans grand profit pour le développement de la richesse nationale. Mais répondons méthodiquement aux questions posées.

Je lis : « 1° *Quel sera le montant du chiffre de l'émission ?* »

C'est une question économique qui n'est pas absolument résolue dans la pratique. Pour pouvoir émettre certaines sommes en billets, il faut que l'émission soit garantie. Ici ce sera un tiers en espèces et les deux autres par des titres.

Voilà, dans la pratique, ce qui se fera. Au point de vue des principes, voici ce que doit être une Banque : le nombre des billets n'est pas limité ; il n'est limité que par la confiance qu'elle inspire par sa circulation fiduciaire.

S'il faut tant de billets, quand la Banque dépassera ce nombre, ils lui reviendront et elle sera obligée de les échanger. De même que l'émission ne doit pas dépasser le niveau des actions, de même quand la Banque dépassera cette émission, le niveau des actions doit descendre. Les Banques font l'escompte ; les billets qu'elles émettent sont garantis par le portefeuille et si le portefeuille est bon, le public a toute confiance. Sans doute, dans la pratique, pour mieux assurer la facile circulation de leurs billets, elles s'imposent certaines conditions et réserves. A part le capital, elles déterminent une encaisse métallique pour parer à l'imprévu. Mais cette règle, rigoureuse en principe, varie dans les détails de son application. Ainsi la proportion regardée comme normale pour la Banque de France entre l'encaisse et les billets en circulation est de 3 à 1. Aux Etats-Unis, en 1837, il y avait dans les caisses un dollar-métal pour six en papier; en 1857, un dollar-métal pour huit.

Pour ce qui concerne l'institution nouvelle, je réponds que, selon le projet de loi, le chiffre de l'émission sera limité à l'encaisse métallique et aux titres de la caisse d'amortissement en dépôt. Il y aura le tiers de l'encaisse métallique, plus les titres de la dette convertie. Rappelez-vous, Messieurs, que dans la Banque Nationale d'Haïti, il n'y a qu'une garantie seulement : le tiers de l'encaisse métallique. Or, pour arriver au but que le Gouvernement et la Chambre se proposent, il faudrait même placer sur le même pied les deux institutions. Il faudrait autant que possible leur donner des avantages similaires.

Car, si vous voulez qu'une nouvelle Banque s'établisse uniquement pour nous faire plaisir, la Banque Nationale d'Haïti (et elle compte fortement là-dessus) continuera comme par le passé, et après avoir été quitte pour un instant d'émotion et d'angoisses, elle se recouchera sur son lit de roses d'où, de longtemps encore, on ne la réveillera.

Deuxième question : *Quels sont les avantages du Gouvernement dans la Banque de Port-au-Prince ?*

En me posant cette question, on se place, sans nul doute, à un point de vue étroit.

* * * * * * * * * * * *

M. FRÉDÉRIC MARCELIN. — Je vous prie, Messieurs, de ne pas m'interrompre ; prenez vos notes, et vous me répondrez après tout à votre aise. Je suis seul à répondre aux nombreuses questions qu'on me pose à droite et à gauche. Si on n'en avait l'habitude, rien ne ferait perdre le fil des idées comme ces fréquentes interruptions.

Du reste, si l'opinion publique est d'accord avec vous et

est contre la nouvelle Banque, vous triompherez sûrement du Ministre des finances.

Je déclare que les avantages que le Gouvernement tirera de l'établissement de la nouvelle Banque sont de créer la concurrence, d'abaisser le loyer de l'argent, de faire cesser l'agio. — Au lieu d'être à la remorque d'une institution de crédit qui est sans grand avantage pour le pays, puisqu'elle ne contribue pas à développer ses forces vitales, le Gouvernement pourra, à des intérêts fort peu élevés, faire, avec la nouvelle Banque, toutes les transactions que l'on fait ordinairement ailleurs avec une banque raisonnable.

On objectera peut-être que la Banque Nationale d'Haïti faisant au Gouvernement un prêt statutaire de P. 300,000, quel sera le prêt de la nouvelle ? Nous répondrons que ce prêt statutaire est bien mince et que, nouvel Esaü, c'est pour un plat de lentilles que nous avons vendu nos droits. Les comptes de la Banque Nationale sont là pour le prouver. Pour ces P. 300,000, l'Etat d'Haïti a servi à la Banque environ P. 400,000 de commissions et d'intérêts dans une seule année.

Du reste, il n'y a pas à insister sur ce point. P. 300,000 ne sont rien.

Il fallait exiger, au moins, $ 600,000.

Quatrième question: *Quel intérêt paiera le Gouvernement ?*

A cette question, je réponds que, sûrement, le Gouvernement paiera moins de 18 0/0, taux qu'il paye d'ordinaire à la Banque Nationale d'Haïti.

Cinquième question : *Le Gouvernement se désaisissant de son droit souverain d'émission, la Banque lui prêtera-t-elle l'équivalent de l'émission nécessaire ?*

Cette théorie est erronée qui voudrait faire de l'émission fiduciaire une *régale* de l'Etat, un droit qui n'appartiendrait qu'à lui et qu'il déléguerait à son gré. Mais passons.

C'est surtout pour aider le commerce qu'on accorde à la Banque le droit d'émission. Nous allons le faire voir par un exemple. Je suppose que l'honorable député qui est commerçant reçoive 1,000 barils de farine et qu'il ne puisse payer les droits nécessaires pour les tirer de la douane et que ces 1,000 barils de farine soient le *substratum* de son existence. Le député pourra émettre un billet, garanti par deux signa tures : le billet escompté, il recevra les billets de la Banque et s'en servira pour acquitter les droits. Les banques n'émettent des billets que pour l'escompte des billets du commerce, lesquels sont garantis par des signatures solvables. Le portefeuille de la Banque sera constitué ainsi par des billets portant trois signatures.

Le mécanisme est simple. Elle reçoit des billets pour trois mois et elle paye avec ses propres billets. A l'échéance, le billet revêtu des trois signatures est présenté à l'acquittement. La Banque aura comme réserve son encaisse métallique et les titres de la caisse d'amortissement. Voici ce que je puis répondre à la question posée.

Sixième question : *Le Gouvernement aura-t-il le droit d'émettre de la monnaie ?*

Comment puis-je répondre à une question de ce genre ? Je ne sais même ce qu'elle veut dire. Je déclare toutefois qu'en instituant la nouvelle Banque, le Gouvernement poursuit un but que nous ne devons pas perdre de vue : il fait tous ses efforts pour retirer le papier-monnaie de la circulation. Il ne peut donc songer à en créer de nouveau. Quand il n'y aurait que cette seule page à l'actif de la nouvelle institution, cela suffirait pour démontrer son utilité.

Car c'est sur elle que le Gouvernement compte pour débarrasser le pays de ce fléau du papier-monnaie.

Vous devez vous rappeler, Messieurs, que, quand la Banque fit son apparition chez nous, nous n'avions pas de papier-monnaie. Et si, après une guerre civile, le Gouvernement ne s'était pas vu obligé d'en émettre pour se tirer d'embarras, nous n'aurions pas la situation financière qui nous est faite. Si, à ce moment, la Banque Nationale d'Haïti avait voulu rester à la hauteur de sa tâche, elle aurait mis ses propres billets en circulation pour sauver le Gouvernement et le pays. Non seulement elle ne l'a pas fait, mais elle a poussé à la création du papier-monnaie, elle en a accepté le contrôle, elle a aidé à la violation de son contrat constitutif, parce que cela lui rapporte une commission et des bénéfices !

Septième question : *Les 80 0/0 sur les titres de la dette flottante, l'escompte est-il en dedans ou en dehors, c'est-à-dire le titre P. 100 vaudra-t-il P. 80 ou P. 120.*

Je réponds à M. le député que le titre vaudra 100 piastres.

Mais je vois, Messieurs, que vous en avez assez des huit points de l'honorable député.

Je lui réponds donc pour en finir que ces titres seront, de plus, garantis par les capitaux et par le portefeuille de la Banque. Ils ne viennent que pour augmenter encore les sûretés accordées à l'émission. C'est pourquoi il n'était pas nécessaire de les prendre à leur valeur marchande.

Du reste, ils doivent être tous remboursés au pair par l'Etat.

CHAMBRE DES DÉPUTÉS

SÉANCE DU 4 DÉCEMBRE 1893.

Présidence de M. le député P. A. Stewart.

M. F. MARCELIN. — Messieurs, je vois, si j'en juge par ce qui vient de se passer, que je n'aurai pas souvent à porter la parole dans cette séance. Aussi, avant de descendre de la tribune, je veux ajouter encore un mot.

L'honorable député a dit qu'il était pour la pluralité des Banques, qu'il était pour l'élargissement du cercle tracé par le Gouvernement lui-même.

Je ne veux pas revenir sur un vote déjà donné ; pourtant, je pourrai le faire, puisque, dans son argument, l'honorable député vous a déclaré que le premier considérant qu'il vous propose est une conséquence du vote donné vendredi dernier.

M. F. MARCELIN, *Secrétaire d'Etat des Finances et du*

Commerce. — Je ne puis jouir, je le constate, de la liberté de la tribune. Si je dois être interrompu, je renoncerai à la parole, car je ne suis pas en santé et en état de supporter la lutte avec ces vigoureux interrupteurs. Au lieu de m'interdire la parole de cette façon peu parlementaire, ils n'ont qu'à attendre le moment de voter; si la majorité est avec eux, certainement je serai vaincu.

Non, Messieurs les députés, il n'est personne dans votre Assemblée qui, sincèrement et loyalement, ne souhaite l'établissement d'une Banque nouvelle; il n'est personne qui ne comprenne que c'est le seul moyen de ramener les prétentions de l'ancienne Banque à leur juste valeur. Et, pourtant, le vote que vous avez donné vendredi dernier, ce vote qui a porté l'allégresse dans le camp des adversaires de la concurrence, ce vote qui a été salué par leurs clameurs de joie et d'enthousiasme, ce vote, mal interprété, peut tout compromettre; car, on se dit que demander la création de plusieurs Banques, c'est le seul moyen de n'en avoir aucune. Et c'est pourquoi la Banque Nationale d'Haïti jubile, c'est pourquoi on a crié: victoire! c'est pourquoi, on ne se lasse d'admirer la profondeur, l'habileté de ce vote qui, comme dans l'antiquité, couronne la victime de fleurs avant de l'égorger; car, proclame-t-on, elle est égorgée, la Banque de Port-au-Prince!

Est-ce bien pourtant ce que vous avez voulu? Je ne le crois pas, je ne puis pas le croire. Comme l'arme était soigneusement cachée sous les dehors séduisants de l'intérêt général, vous vous en êtes servis..... Mais n'est-ce pas empêcher toute création que de dire que tout le monde pourra créer? N'est-ce pas maintenir la Banque d'Haïti dans ses positions, n'est-ce pas lui assurer une victoire complète que d'armer aussi faiblement l'adversaire que vous voulez lui opposer? La pluralité des Banques, quand il est si difficile d'en créer une! Vous demandez trop, c'est le meilleur moyen de ne rien avoir. Vous connaissez le vers du poète, *Timeo danaos et dona ferentes.* Défiez-vous des adversaires, surtout quand ils vous font des présents. Vous savez qui, le premier, vous a dit que l'enseignement du passé devait profiter et que, quant à lui, quoique actionnaire de la Banque et son avocat, plus libéral que le Gouvernement, il voulait accorder davantage pour le bonheur du pays. Ah! le bon billet qu'a La Châtre et comme l'honorable avocat et actionnaire de la Banque a dû rire ! Mais voilà, à ce moment, vous aviez oublié le proverbe *timeo danaos*... et, emportés par la générosité de vos sentiments, vous avez voté sans même qu'elle fût mise en discussion, ce qui est, par parenthèse, contraire à vos règlements, une proposition qui est la mort de la Banque de Port-au-Prince, si vous devez suivre cette proposition dans toutes ses conséquences, si vraiment elle est ce que la Banque Nationale d'Haïti, par sa joie, manifeste qu'elle est, ce que l'opinion publique aussi en pense !

Eh bien ! Messieurs les députés, je m'adresse à vous, à vous qui, en ce moment et pour une large part, tenez le sort de la Patrie dans vos mains, à vous qui, par un vote favorable, pouvez aider au bonheur d'Haïti, je m'adresse encore une fois à vous et je vous dis :

O mes concitoyens, réfléchissez, réfléchissez au moment où, par le vote de cette loi, vous allez décider si notre chaîne doit se resserrer davantage, ou si elle doit se briser. L'heure est grave : selon que vous voterez, vous ferez demain de la Banque Nationale un docile serviteur de l'Etat concourant avec tous au développement de la fortune publique et à la sienne propre, ou un tyran capricieux et fantasque, énivré de son audacieuse victoire et ne connaissant plus de bornes. Réfléchissez donc... L'homme qui vous adjure en ce moment n'est rien, ce n'est qu'un insignifiant atome dans les destinées immortelles du peuple haïtien.

Demain, il aura passé, il a passé déjà. Ne le voyez donc pas, mais voyez le pays, car le pays reste et c'est à lui qu'il faut songer, c'est à lui qu'il faudra peut-être rendre compte !

. . . .

M. F. MARCELIN. — Je réponds au député que je n'ai pas dit, ainsi qu'il l'a répété, que la Chambre est partisan du Monopole. J'ai dit que le principe de la pluralité des Banques invoqué ici n'avait qu'un but : le maintien du monopole de la Banque. Cela est clair et indéniable. Si la Banque Nationale d'Haïti n'existait pas avec ses privilèges formidables, j'aurais pu me rallier à la pluralité des Banques ; mais elle existe, malheureusement !

Et si vous faites, Messieurs, triompher ce principe, rappelez-vous ma déclaration, elle est formelle : si vous faites triompher le principe de la pluralité des Banques, c'est qué vous êtes les adversaires de la concurrence.

M. F. MARCELIN, *Secrétaire d'Etat.*— Heureusement pour la Chambre, j'espère que cela ne sera pas ; car même en votant les autres considérants, vous ne pourriez plus avoir une autre Banque, en face de la Banque Nationale, jouissant pendant trente ans encore des privilèges qui lui ont été accordés !

Je le répète, j'aurais été d'accord avec l'honorable député, si la Banque d'Haïti n'existait pas : il m'eût été parfaitement égal de voter la pluralité des Banques comme on vote l'égalité et la fraternité. Mais ici le cas diffère et la pluralité des Banques est une arme dirigée contre la nouvelle institution. Et si, malgré mes efforts, vous voulez consacrer ce principe, je vous dirai que vous aurez mal agi et en cela le ministre des finances aura consciencieusement fait son devoir.

J'affirme, et je déclare, nos adversaires le savent bien du reste, que jamais, avec la pluralité des Banques, aucune Banque ne pourra être créée, ou, créée, lutter une seconde avec la Banque Nationale d'Haïti.

CORRESPONDANCE

—

BANQUE NATIONALE
d'Haïti

SERVICE DE LA COMPTABILITÉ

N° 641

Port-au-Prince, le 13 août 1892.

Monsieur F. Marcelin,

Secrétaire d'Etat des Finances et du Commerce,

en son Hôtel.

Monsieur le Secrétaire d'Etat,

En nous référant à la conversation que nous avons eu l'honneur d'avoir avec vous hier après-midi et en nous rappelant certaines observations et même objections que vous avez cru devoir nous faire relativement à nos comptes avec l'Etat, nous prenons la liberté de vous exposer de nouveau les faits et les circonstances qui ont amené l'état actuel des choses.

Conformément à la convention budgétaire du 9 octobre 1891 et à la convention modificative du 27 janvier 1892, la Banque s'est engagée à tenir à la disposition du Gouvernement, à partir du 1ᵉʳ de chaque mois, la somme de $ 350,000, dont elle se rembourse dans le courant du mois par les recettes des droits d'importation.

Par contre, si à la fin du mois le montant des recettes n'atteint pas le chiffre de cette mensualité, le Gouvernement s'est engagé à verser à la Banque, le dernier jour de chaque mois, la moins-value existant à la fin du mois, avant de pouvoir disposer à nouveau de la mensualité de $ 350,000 du mois suivant, à moins d'une entente préalable avec la Banque.

Depuis déjà plusieurs mois, le Gouvernement, par suite des exigences du service, n'a pas pu nous rembourser à la fin du mois la moins-value entre les paiements faits par nous et les recettes de douane. Mais la Banque, désireuse d'aider effectivement le Gouvernement et de lui faciliter la tâche difficile de pouvoir satisfaire aux besoins du service budgétaire, ne s'est pas opposée à une entente à cet égard et a consenti à faire au Gouvernement des avances extraconventionnelles dont la Banque avait à se rembourser par le versement du Syndicat et par toutes autres recettes disponibles du mois suivant, et pour lesquelles le Gouvernement lui accordait une commission de 2 1/2 0/0 sur le solde débiteur du compte « Recettes et Paiements » à la fin du mois.

Vous trouverez dans les archives la correspondance entre le Secrétaire d'Etat des Finances et la Banque qui vous renseignera plus amplement sur les faits que nous venons de mettre sous vos yeux, mais nous prenons la liberté de vous référer particulièrement à notre lettre du 30 juin dernier et à la dépêche du Ministère, au no 207, du 1er juillet, et à notre lettre du 2 août, no 636, et la réponse du Ministère, no 222, du 4 août.

C'est ainsi que chaque solde débiteur de fin de mois a subi les augmentations suivantes :

Au 1er avril 1892................ $	109.119 37
Au 1er mai —	232.250 76
Au 1er juin —	258.236 52
Au 1er juillet —	371.603 97
Et au 1er août —	471.163 37

D'après l'entente avec le Gouvernement, nous avions à nous rembourser de ces $ 471,163.37 comme suit :

1° Avec le paiement dû par le Syndicat en août, $ 150,00

et 2° le solde à prendre sur la mensualité du mois d'août, 321,163.37.

Il ne restait donc disponible pour le gouvernement, pour le mois d'août, sur la mensualité, que la somme de $ 28,836.63.

Sur sa demande pressante, nous avons encore une fois consenti, et nonobstant le fort chiffre débiteur de près de $ 500,000, à continuer nos avances à l'Etat, pour le paiement des principaux services publics, tels que : Appointements, pensions, soldes, rations et locations, moyennant la même commission de 2 1/2 0/0, à prélever sur le solde débiteur du compte « Recettes et Paiements » à la fin du mois, et cela seulement, en attendant le règlement et la liquidation définitive du solde débiteur au 30 septembre, conformément au contrat Fouchard et la convention budgétaire du 9 octobre 1891, sur lesquels M. le Secrétaire d'Etat, votre prédécesseur, nous a assuré pouvoir compter absolument.

Conformément à ces engagements réciproques, nous avons fait les nouvelles avances dont le Gouvernement avait besoin pour le paiement en août des services publics ci-dessus désignés, et nos paiements depuis le 1ᵉʳ à ce jour s'élèvent à $ 377,341.50, de sorte que le solde débiteur de l'Etat ce matin s'élève à $ 729,089.40.

Afin d'éviter tout malentendu pour l'avenir et de permettre à la Banque de continuer ces mêmes avances pour septembre, comme elle a le désir de le faire, nous venons donc aujourd'hui vous prier de vouloir bien confirmer les arrangements que M. votre prédécesseur a jugé utile et nécessaire de faire avec la Banque.

Veuillez agréer, Monsieur le Secrétaire d'Etat, l'assurance de notre très haute considération.

LA DIRECTION.

SECTION
de la
COMPTABILITÉ
—
N° 78

Port-au-Prince, le 17 novembre 1892.

Au Directeur de la Banque Nationale d'Haïti.

MONSIEUR LE DIRECTEUR,

Il me paraît que vous n'avez pas bien saisi ma pensée. Je vous ai demandé de me remettre chaque jeudi un tableau des primes de la semaine, avec leurs fluctuations et variations journalières, afin de me mettre en mesure de comparer les taux de la place et ceux dont vous chargez le Gouvernement quotidiennement.

Qui peut me donner ce tableau, mieux que la Banque, institution d'Etat et tenant la tête sur le marché de l'or et des traites? La moindre maison de Banque de cette ville agit ainsi avec ses clients.

Je ne vous dis pas de laisser vos comptes ouverts, et la régularité de vos écritures n'a rien à voir dans ma demande.

Je veux simplement que l'Etat paie ce qu'il doit payer et que cette faculté exorbitante de nous infliger des cours de fantaisie cesse.

Vous n'aurez donc qu'à nous débiter chaque jour, et au fur et à mesure de nos tirages en or, *de la prime du jour*, comme si nous n'étions qu'un client ordinaire qui vient acheter à vos guichets. — Est-ce trop vous demander? Je ne le crois pas. — En tout cas, vous conviendrez avec moi que rien ne vous autorise à débiter l'Etat de 10 0/0 sur l'or, quand il est notoire que, depuis plus de quinze jours, il ne fait que 7 à 7 1/2 0/0.

L'Etat n'exige pas de la Banque le traitement du client le plus favorisé, c'est bien le moins qu'il soit traité sur le pied de tout le monde.

Pour justifier votre façon de procéder, vous me parlez de la nécessité où vous êtes de vous procurer de l'or à l'avance. Cet argument n'a aucune valeur dans l'espèce. C'est une des conditions de votre contrat de trésorerie qui vous *oblige* à faire, moyennant commission, nos paiements à l'intérieur et à l'extérieur, *la perte du change restant à l'Etat*. Il ne peut être question pour vous de bénéfice, en dehors de votre commission.

Au surplus, si, de par votre contrat, vous êtes obligé de vous procurer de l'or à l'avance, pour les paiements que le budget ordonne d'effectuer en or, l'Etat vous exige-t-il de partager avec lui le profit que vous retirez de cette réserve quand la prime a haussé, comme cela arrive dans la morte-saison, et que, de ce chef, vous réalisez de grandes différences entre le taux payé par vous et celui dont nous sommes débités ? Pour toutes ces raisons, Monsieur le Directeur, que vous apprécierez certainement, je maintiens ma dépêche du 12 courant, n° 70.

Je vous prie donc, à l'avenir, de débiter nos comptes de la prime du jour, soit sur les traites, soit sur l'or.

Recevez, Monsieur le Directeur, l'assurance de ma haute considération.

F. MARCELIN.

N° 347.   *Port-au-Prince, le 22 mars 1893.*

Monsieur le Directeur,

Le 18 février de cette année, je vous remettais un mandat, au n° 266, en règlement de vos commissions, intérêts et

primes prélevés sur les comptes du Gouvernement pendant
l'exercice 1891-1892 et s'élevant à :

Commissions et intérêts ....G. 320.327 98
Primes 102.203 70

     ENSEMBLE.......G. 422.621 68

mandat dûment acquitté par le payeur de mon département.

L'émission de ce mandat m'a suggéré certaines réflexions.
D'abord, nous sommes loin des g. 174,880.36 prévues au budget de la dette publique pour le service de la Banque, durant
l'exercice 1891-1892, et si nous ne devions pas obtenir une
amélioration de ce côté, il faudrait porter au prochain budget
le chiffre rond de g. 300,000 comme commissions et intérêts
à payer à votre établissement durant l'année budgétaire.

Ensuite, je n'ai pas manqué de me rappeler que lorsque le
contrat qui créa la Banque fut conclu, le budget de la République s'élevait à environ g. 4,000,000. La Banque exigeait
1 0/0 pour les recettes et 1/2 0/0 pour les paiements. C'était
une commission tout à fait inusitée; mais qui, à la rigueur,
pouvait s'expliquer par deux motifs : le premier, par le chiffre relativement restreint de notre budget de l'époque; le
second, par l'incertitude où était la nouvelle institution de
savoir si elle ferait ses affaires.

Le second motif n'existe plus, les faits ont démontré d'une
façon brillante l'exceptionnelle prospérité de la Banque. Le
premier motif, malheureusement pour nous, n'existe pas
davantage : notre Budget a plus que doublé. Dans ces conditions, Monsieur le Directeur, ne pensez-vous pas que
Banque doive abaisser les commissions qu'elle perçoit ? Le
frais, que nécessite ce service, sont restés à peu près le
mêmes, et pourtant vous prélevez un chiffre au moins deux
fois plus élevé qu'au début.

J'aurais pu m'adresser directement au siège social, pour
mener à bonne fin cette négociation, j'aurais pu en charger
notre agent financier à Paris ; mais c'est à vous, c'est directement entre vos mains que je veux placer le sort de cet acte
de haute justice et d'équité pratique. Et savez-vous pourquoi,
Monsieur le Directeur? Souvent vous m'avez exprimé le sentiment de profond attachement que vous ressentiez pour le
pays, souvent vous m'avez dit quelle sympathie vous prof-

fessiez pour le Gouvernement, dont j'ai l'honneur d'être un des membres. Je vous offre donc l'occasion d'affirmer ces sentiments une fois de plus, en faisant triompher une demande qui, en somme, devra être dans l'avenir aussi profitable à la Banque qu'à l'État.

Recevez, Monsieur le Directeur, l'assurance de ma parfaite considération.

F. MARCELIN.

SECTION
DU COMMERCE

N° 443

Port-au-Prince, le 22 mars 1893.

MONSIEUR LE DIRECTEUR,

En repassant les listes des débiteurs de l'État, quel n'a pas été mon étonnement d'y voir figurer MM. X..., de Port-de-Paix, pour g. 20,874.75 or, et MM. X..., des Cayes, pour g. 3,081.48 or, de droits d'exportation.

Ces créances ne remontent pas à moins de deux exercices.

MM. X... et X... sont les agents de la Banque, et il est incontestable que c'est en cette qualité qu'ils ont pu être débiteurs de l'État pour des droits d'exportation. Pour s'en convaincre, il suffit de se rappeler que ces droits se payent d'avance et que l'embarquement des denrées n'est permis que sur le vu des récépissés constatant qu'ils ont été réellement acquittés. D'où il suit que vos agents se sont délivré des récépissés pour des sommes dont le Gouvernement n'a pas été crédité.

La responsabilité de la Banque est suffisamment établie et elle ne saurait hésiter plus longtemps à donner une solution à cette question.

Ce n'est peut-être pas le moment de discuter si la Banque agit sainement en choisissant des commerçants pour diriger ses agences et succursales, mais le fait propre aux agents de Port-de-Paix et des Cayes révèle tous les inconvénients de ce procédé et le moment est sans doute venu de méditer sur les moyens d'y remédier. Déjà, des plaintes nous arrivent du commerce de toutes les villes où vos succursales sont gérées par des commerçants.

On les accuse d'abuser de leur situation et la question litigieuse prouve que ces accusations ne sont que trop fondées. Il m'incombe donc le devoir de suivre avec la plus scrupuleuse attention les relations de vos agents avec nos douanes. Mais d'ores et déjà un fait demeure acquis : c'est que la Banque est responsable, vis-à-vis de l'État, des sommes dues par ses agents commerçants.

Agréez, Monsieur le Directeur, l'assurance de ma considération distinguée.

F. MARCELIN.

P.-S. — Au moment d'expédier cette dépêche, je reçois le récépissé constatant que les sieurs X..., des Cayes, viennent de payer.

Derechef,

F. MARCELIN.

<table>
<tr><td>SECTION
DU COMMERCE
———
N° 489
—</td><td>Port-au-Prince, le 27 mars 1893.</td></tr>
</table>

Au Directeur de la Banque Nationale d'Haïti.

Monsieur le Directeur,

Lorsque je vous ai dénoncé l'abus que font de leur situation la plupart de vos agents pour devoir, pendant des années, des droits d'exportation à la caisse publique, je m'attendais à vous voir, appréciant les choses avec le sentiment de la plus haute impartialité, prendre l'engagement de remédier à cet état de choses.

A la vérité, vous n'avez pas contesté, dans votre lettre du 24 du courant, n° 717, le principe à savoir que la Banque est responsable vis-à-vis du Gouvernement haïtien des sommes dues par ses agents pour droits d'exportation. Mais demander que je prouve, ainsi que je l'ai avancé, que vos agents des Cayes et de Port-de-Paix se sont délivré des récépissés pour des sommes dont le Gouvernement n'a pas été crédité, c'est chercher à déplacer la question, c'est vouloir resserrer le terrain de la discussion, en ayant l'air de vous appesantir sur des détails insignifiants. En effet, ce qui importe, c'est de savoir si, oui ou non, vos agents suscités sont débiteurs de l'État. Or, cela est indiscutable, et nous aurions pu, nous aurions dû nous arrêter là. Mais rien ne me coûte de répondre à votre question.

Sans doute, vous n'entendez pas demander que je vous mette sous les yeux ces récépissés, pour ainsi dire apocryphes, car il n'est pas possible que vous ignoriez que ces reçus provisoires sont détruits immédiatement après la confection du mandat d'encaissement et doivent être remplacés par de vrais récépissés accompagnés de talons.

C'est donc une preuve rationnelle que vous demandez et la voici : celui qui veut expédier du café commence par soumettre à l'Administration des finances une note de la quantité à embarquer. Cette note sert de base pour dresser le bordereau approximatif qui est apporté à la Banque ou à sa succursale pour le paiement des droits, et la Banque doit délivrer un reçu constatant que ces droits ont été versés. Le porteur de ce récépissé doit le soumettre à la douane, sans quoi il ne pourra embarquer ses cafés. — Résumons-nous : toute expédition de café implique l'exhibition de récépissé à la douane. Rien ne peut faire fléchir la rigueur de ce principe.

Or, vos agents ayant expédié du café et étant restés débiteurs de la caisse publique, donc ils se sont délivré des récépissés pour des sommes non versées. Est-ce assez rationnel ? Et si j'ajoute que, de tous les exportateurs de café, il n'y a que vos agents qui soient débiteurs de l'État, on comprendra plus facilement encore que c'est à la faveur de la qualité dont ils sont revêtus qu'ils ont pu devoir.

Vous dites dans votre lettre : « Si MM. X... sont débiteurs de l'État, nous vous le demandons en toute conscience, ne croyez-vous pas qu'il puisse y avoir d'autres causes que celles que vous nous signalez ».

J'aurais mieux aimé vous voir préciser les faits que de vous renfermer dans des allusions. Mais, quelles qu'elles soient, ces causes, ce que je nie formellement, si elles ont existé pour vos agents de Port-de-Paix, l'ont-elles été aussi pour les sieurs X... que, par parenthèse, vous avez pris soin de ne pas citer dans votre lettre, qui sont restés débiteurs de l'État jusqu'à la semaine dernière ?

La discussion, ce me semble, est épuisée et j'attends que vous avisiez.

Agréez, Monsieur le Directeur, l'assurance de ma considération distinguée.

F. MARCELIN.

Port-au-Prince, le 29 mars 1894.

Le Secrétaire d'Etat des Finances et du Commerce au Directeur de la Banque nationale d'Haïti.

MONSIEUR LE DIRECTEUR,

J'avais pris bien soin d'établir dans ma dépêche du 22 mars, au n° 347, que le chiffre de $ 320,000 avait été payé pour *commissions* et *intérêts*. A n'en pas douter, ce chiffre démontre l'importance des affaires de la Banque avec l'Etat. Je m'appuyais donc sur lui pour vous demander s'il n'était pas possible d'obtenir une réduction sur vos commissions statutaires qui, au lieu de s'appliquer comme au début sur un budget de $ 4,000,000 s'étendent aujourd'hui sur plus de $ 8,500,000.

Je n'ai pas voulu dire et n'ai pas dit autre chose ; je sais aussi bien que vous l'importance des sommes que l'Etat devait à la Banque quand Son Excellence le Président de la République me fit l'honneur de m'appeler à diriger le département des finances, puisque ces sommes je vous les ai intégralement liquidées.

Mais là n'est pas la question. Elle est tout entière dans la nécessité où nous sommes de réaliser les moindres économies et nous pensons que la Banque nous y aidera, dans une certaine mesure, si elle peut se contenter des $ 60,000 qu'elle prélevait naguère pour le service de la Trésorerie. Au reste, vous vous trompez quand vous affirmez que les $ 174,880.36 prévues à l'exercice écoulé n'étaient que pour vos commissions statutaires et que ce chiffre n'a pas même été atteint : un simple coup d'œil jeté sur le service de la Banque (ne pas lire service de la Trésorerie) vous convaincra de votre erreur.

Je vous remercie du conseil par lequel vous terminez votre lettre et qui, quoique spontanément offert, n'en est pas moins très appréciable. Croyez que tous mes efforts tendront à le suivre; permettez-moi toutefois de vous dire que là non plus n'est pas la question. Il ne s'agit pas pour l'instant des dépenses extrabudgétaires du gouvernement et pour lesquelles vous nous faites payer des commissions. que nous sommes obligés d'accepter. Il s'agit des commissions statutaires prélevées sur un budget qui, de 1880 à nos jours, a doublé à la recette et à la dépense, vous donnant ainsi un revenu annuel que vous n'espériez pas à la signature du contrat.

Je n'ai nullement l'intention, soyez-en persuadé, de chicaner la Banque et j'apprécie les services qu'elle rend au pays spécialement dans notre trésorerie. Mais j'établis en ce moment le budget général de l'Etat pour les Chambres prochaines et le devoir m'ordonne d'essayer de diminuer — partout où cette diminution me paraît juste et équitable, et c'est ici le cas — le fardeau de la Dette publique afin d'arriver à l'équilibre budgétaire.

J'espère que le Conseil d'administration, auquel je vais

m'adresser, pénétré du but que je poursuis, fera un accueil favorable à ma demande.

Recevez, Monsieur le Directeur, l'assurance de ma considération distinguée.

F. MARCELIN.

BANQUE NATIONALE
d'Haïti
—
Paris, le 9 mai 1893.

Monsieur le Secrétaire d'Etat des Finances et du Commerce
à Port-au-Prince.

MONSIEUR LE SECRÉTAIRE D'ETAT,

Le Conseil d'administration a l'honneur de vous accuser réception de votre lettre du 6 avril dernier, lui portant copie de la correspondance échangée entre votre département et le directeur de la Banque, au sujet du chiffre des commissions statutaires perçues par la Banque sur les recettes et les dépenses budgétaires.

Vous exprimez le désir, Monsieur le Secrétaire d'Etat, de voir la Banque apporter une réduction au taux de ces commissions. — Vous arguez de ce que le budget d'Haïti n'étant, à l'origine de la Banque, que de $ 4,000,000 environ, et ayant doublé depuis, nos commissions statutaires ont, elles aussi, doublé.

Il ne nous appartient pas de rechercher ici dans quelle mesure la régularité de notre service de trésorerie a pu favoriser la progression constante des recettes budgétaires, et si le mouvement parallèle des commissions ne se trouverait pas pleinement justifié par ce seul fait. — Ce qui est certain, c'est qu'en signant le contrat de Banque, il entrait dans l'esprit des deux parties contractantes d'être appelées à bénéficier, sans discussion rétrospective ni réduction éventuelle, des avantages réciproques, débattus et attachés au contrat; et du développement normal que ces avantages seraient susceptibles de prendre avec le temps.

Les recettes budgétaires ont doublé; les commissions aussi : cette perspective ne faisait-elle pas partie du nombre des chances heureuses qui déterminèrent les capitaux à s'engager dans l'affaire? serait-il équitable de les en priver aujourd'hui que cette chance s'est réalisée, alors surtout que sa réalisation correspond à une plus-value proportionnelle dans les ressources de la République ?

Nous ne le pensons pas, quant à nous. — Mais nous préférons vous démontrer, Monsieur le Secrétaire d'Etat, que l'augmentation des commissions ne s'est pas traduite, pour nous, par l'augmentation de bénéfices que vous supposez. — En effet, malgré l'argumentation qui précède, vous seriez fondé à faire appel à l'esprit de modération du Conseil et des actionnaires, si nos *Frais généraux*, à Port-au-Prince seulement, n'avaient suivi une marche ascensionnelle plus rapide encore que celle des commissions. — En 1881, 1882 et 1883, ces frais ne s'élevaient qu'à environ $ 50,000 par an. Ils passent $ 60,000 en 1884 ; et s'élèvent par bonds successifs à plus de $ 100,000, chiffre inférieur à la moyenne des trois dernières années.

A ces.................................$ 100.000   »
il convient d'ajouter les frais généraux des
trois succursales ....   25.000   »
le coût du service dans les agences..........   15.000   »

Total...........$ 140.000   »

Les frais généraux à Paris, nécessaires cependant à l'exploitation de la Banque, sont tenus en dehors de ce chiffre de $ 140,000.

Le budget d'Haïti ayant été de $ 8,000,000 en moyenne dans les trois dernières années, cela donne, à 1 1/2 0/0, $ 120,000 de commission, recettes et dépenses comprises.

Les commissions budgétaires ne couvrent donc pas, tant

7

s'en faut, nos frais généraux en Haïti ; et, ainsi que nous l'affirmions plus haut, la progression des frais a dépassé celle des commissions.

Mais, tandis que les commissions sont destinées, pour un long temps, à demeurer stationnaires, avec le budget, nos frais d'administration vont subir encore une aggravation marquée. Vous nous recommandez vous-même, Monsieur le Secrétaire d'État, la création de nouvelles succursales, et une organisation plus parfaite et plus indépendante du réseau de nos agences. Sur ce point, nous sommes heureux, tant par déférence pour vos avis, que par sentiment de nos devoirs envers le pays, de pouvoir vous donner une satisfaction importante. Nous allons créer deux nouvelles succursales, et nous étudions la réforme de nos agences dans le sens indiqué. Nous allons multiplier les contrôles et les inspections. L'exécution d'un tel plan entraînera un surcroît fort lourd de dépenses.

Dans la perspective d'une diminution de profits, d'un côté, et d'une augmentation de frais de l'autre, nous craindrions beaucoup que les actionnaires, au verdict desquels nous serions obligés de recourir en Assemblée générale extraordinaire, ne se laissassent pas convaincre facilement de l'opportunité de la réduction demandée. Pour cette raison, nous hésiterions beaucoup à les en saisir.

A notre avis, c'est dans le service des emprunts répétés, et de plus en plus onéreux de Trésorerie, bien plus que dans les commissions statutaires de la Banque, qu'il faut chercher le poids sous lequel plie le budget haïtien.

C'est à l'allègement et à la disparition de ces charges qu'il convient surtout de travailler. Nous serions très heureux de concourir à ce but avec vous, si vous jugiez à propos de nous associer directement aux efforts patriotiques, que vous tentez pour l'atteindre.

Veuillez agréer, Monsieur le Secrétaire d'État, l'assurance de ma haute considération.

Le Président
du Conseil d'Administration.

Er. LEHIDEUX.

Port-au-Prince, le 26 mai 1893.

*Au Président du Conseil d'Administration de la Banque
Nationale d'Haïti à Paris.*

MONSIEUR LE PRÉSIDENT,

Depuis déjà assez longtemps, le commerce en Haïti réclame contre les agences de la Banque Nationale dirigées par des commerçants. Il trouve avec raison *« que, quel que soit le caractère d'impartialité dont peut être animée une maison de commerce, elle reléguera, par le fait de cette situation privilégiée, forcément ses voisines, au point de vue de la concurrence commerciale, à un degré d'infériorité indiscutable »*. Ce sont les propres termes d'une pétition des Cayes que je vous cite.

A coté de cette raison déjà assez puissante pour intéresser le gouvernement, il y en a une autre qui nous sollicite tout spécialement.

Les faits récents et dont l'opinion publique s'est emparée ont démontré que, de ce chef, les recettes de l'État pouvaient être compromises dans leur perception intégrale. N'a-t-il pas été établi qu'un agent commerçant avait, pendant près d'une année, négligé de verser à l'État le montant des droits d'exportation qu'il lui devait ? La somme était importante et vous savez que ces droits se paient d'avance. Le public pourrait inférer de ce fait que bien des agents de la Banque faisant le commerce se trouvent dans ce cas.

Il importe donc, dans l'intérêt du Gouvernement et du Commerce, que la Banque nationale d'Haïti donne satisfaction à ces justes réclamations. Cette réforme s'impose et je suis persuadé que le siège social n'hésitera pas à l'accomplir.

Dans cette attente, veuillez agréer, Monsieur le Président, les assurances de ma haute considération.

Le Secrétaire d'État des Finances.

F. MARCELIN.

SECTION
DES FINANCES

N° 363

Port-au-Prince, le 29 mai 1893.

Au Président du Conseil d'Administration de la Banque Nationale d'Haïti à Paris.

MONSIEUR LE PRÉSIDENT,

J'ai l'honneur de vous accuser réception de votre lettre du 9 mai.

Sans examiner, pour le moment, le bien fondé de vos arguments, je dois tout d'abord reconnaître l'esprit courtois de conciliation et d'entente qu'ils témoignent, esprit qui, d'ailleurs, doit être la règle entre la Banque Nationale d'Haïti et le Secrétaire d'Etat des Finances, tant à Port-au-Prince qu'à Paris.

Je vous remercie de l'assurance que vous me donnez de la création prochaine de deux nouvelles succursales et de la réforme projetée de vos agences. Je viens précisément, par ma dépêche du 26 du courant, d'appeler votre attention sur cette opportunité.

Je vois avec plaisir que satisfaction me sera donnée en partie. Croyez-bien, Monsieur le Président, que tous mes efforts tendront, en maintenant la plus parfaite harmonie entre la Banque et l'Etat, à chercher par tous les moyens en mon pouvoir à améliorer la situation des finances nationales. J'ai bien quelque droit, ce me semble, à cette prétention, puisque je la fais reposer sur la stricte observation de tous les engagements antérieurement contractés par le pays.

Je sais que le mal est surtout dans nos fréquents emprunts *sur place*, emprunts onéreux, maladroits, et qui fatalement devaient en un petit nombre d'années absorber toutes nos ressources. Si, au 30 septembre 1892, je n'ai pas hésité à mettre ma signature au bas d'un de ces ruineux contrats, c'est que j'estimais qu'il y avait un intérêt supérieur pour l'Etat à s'acquitter des sommes dues en ce moment à la Banque, intérêt que moi, plus que personne, je devais faire prévaloir. Mais je n'ai jamais perdu de vue un seul instant l'obligation que je contractais d'alléger nos charges publiques.

Je suis donc sensible à l'offre que, dans ce but, vous voulez bien me faire, en finissant votre lettre. Je vous prie de croire que, sur ce terrain, nous sommes absolument d'accord, si la Banque, comme vous me le témoignez, et comme mieux que personne elle le peut, veut nous aider à aménager d'une façon plus rationnelle les ressources du Budget haïtien. Toutes les communications que vous voudrez bien me faire à ce sujet seront accueillies avec le plus vif intérêt.

Agréez, Monsieur le Président, les assurances de ma très haute considération.

Le Secrétaire d'Etat des Finances,

F. MARCELIN.

———

SECTION
de la
COMPTABILITÉ

—

N° 203

—

Au Directeur de la Banque Nationale d'Haïti (1).

MONSIEUR LE DIRECTEUR,

D'ordre du Conseil des Secrétaires d'Etat et en vertu de l'arrêté de Son Excellence le Président d'Haïti en date du

Port-au-Prince, le 19 juillet 1893.

———

(1) Le rapport au Conseil des Secrétaires d'Etat du 13 juillet 1893 (voir *Le Département des Finances et du Commerce,* page 136) donne les détails de l'opération. Ce fut aussi la caisse de la Substitution qui, par décision du Conseil, opéra les deux versements sur le dock de $ 50,000 chacun, ensemble $ 100,000 or et les $ 25,000 de la *Nathalie,* ce petit bateau qu'on disait destiné au débarquement des exilés.

6 juillet, lequel dispose en son article 2 que le premier tirage au sort des billets de la Substitution aura lieu le premier mardi du mois de juillet 1894, je vous invite à distraire du compte de la Substitution la somme de $ 71,658.35 or américain que vous passerez au crédit du compte « Réserve en Or ». — Vous m'en donnerez *immédiatement* avis.

Vous me donnerez le chiffre exact de la balance à ce jour du compte « Substitution ».

Il est entendu que les dépenses de la Substitution seront payées sur cette balance et sur les valeurs à encaisser cette année; mais qu'elles devront être remboursées en 1894 sur les premières rentrées de l'affectation des 0.50 c. Toute dépense donc de ce chef, à partir du 6 juillet, date de l'arrêté, sera considérée comme un prêt fait pour le compte « Substitution 1893 » au compte « Substitution 1894 ».

Au 31 décembre 1893, vous me fournirez l'état total des sommes encaissées à partir du 6 juillet courant, lequel ajouté à la balance de ce jour (moins les $ 71,658.35) devra former la nouvelle « Réserve en or » du Trésor. Les sommes qui pourraient manquer à ce total et qui auraient été dépensées pour la Substitution, de la date du 6 juillet au 31 décembre 1893, lui seront restituées dès les premières rentrées des 0.50 c. en 1894, comme je viens de vous le dire.

La pensée du Gouvernement ainsi bien comprise, vous prendrez, Monsieur le Directeur, toutes les mesures nécessaires pour qu'elle ait sa pleine et entière exécution.

Recevez, Monsieur le Directeur, l'assurance de ma haute considération.

F. MARCELIN.

SECTION
de la
COMPTABILITÉ
—
N° 206
—

Port-au-Prince, le 20 juillet 1893.

Au Directeur de la Banque Nationale d'Haïti,

MONSIEUR LE DIRECTEUR,

Le compte *Réserve en billets* du Gouvernement s'élève aujourd'hui à $ 300,000.01.

Dès la présente reçue, vous voudrez bien passer cette valeur au crédit du compte *Avance statutaire* qui se trouvera ainsi soldé.

Ce crédit de $ 300,000, que, par ses statuts, la Banque est obligée de faire à l'Etat, restera tout entier à sa libre et pleine disposition.

Recevez, Monsieur le Directeur, l'assurance de ma haute considération.

F. MARCELIN.

———

Port-au-Prince, le 20 juillet 1893.

Au Directeur de la Banque Nationale d'Haïti,

MONSIEUR LE DIRECTEUR,

Votre lettre du 19 du courant, au n° 766, responsive à ma dépêche de la même date, n° 203, ne m'a été remise qu'aujourd'hui, bien tard dans l'après-midi.

Par ma dépêche suscitée vous êtes invité, par décision

du Gouvernement, à distraire des 50 c. des droits sur café affectés au retrait des billets de caisse de la substitution, la somme de $ 71,658.35 pour les passer au crédit du compte : *Réserve en Or.*

A cette disposition, mûrement réfléchie, prise par le Pouvoir exécutif en Conseil des Secrétaires d'Etat, vous avez cru pouvoir opposer les articles 9, 10 et 11 de la loi du 29 septembre 1892, réglementant la substitution du papier-monnaie actuellement en circulation ; et dont je m'abstiens ici de vous retracer les dispositions, puisque vous avez pris soin de me les reproduire tout au long dans votre lettre à laquelle je réponds en ce moment.

Si vous vous étiez bien pénétré de l'esprit de cette loi que vous avez invoquée, et de son dernier considérant surtout, certes, vous vous seriez abstenu, Monsieur le Directeur, de répondre comme vous l'avez fait.

Voici comment s'exprime ce considérant :

« Considérant enfin qu'il importe de trouver à la question du papier-monnaie une solution économique qui en assure le *retrait graduel, régulier* et *définitif,* de déterminer le mode de remboursement et d'en établir à nouveau les bases de l'amortissement. »

Les moyens employés par le Gouvernement doivent-ils ou peuvent-ils empêcher le retrait *graduel, régulier* et *définitif* de notre papier-monnaie dont la démonétisation est reculée, en vertu de l'arrêté du 6 juillet courant, au 1er janvier 1894 ?

A cette question la Banque, avec le Gouvernement, avec tous les intéressés, ne peut répondre que négativement, quand elle sait surtout (article 2 de l'arrêté) que le premier tirage au sort ne devra avoir lieu que le premier mardi du mois de juillet 1894.

La Banque, autant que le Gouvernement, sait, de la façon la plus formelle et la plus catégorique, que les recettes provenant du produit des 50 c. de droits sur café et à percevoir du 1er janvier au 1er juillet 1894 exclusivement, couvriront largement les $ 125,000 or américain destinées au retrait semestriel (exigible) prévu par l'article 2 de la loi du 29 septembre 1892.

Le retrait ne devant commencer que le premier mardi du mois de juillet 1894, les fonds servant à garantir ce retrait devant être encaissés à partir du 1er janvier de la même année, où trouvez-vous, Monsieur le Directeur, qu'il y ait pour les détenteurs et porteurs des billets papier-monnaie un péril imminent et pour la Banque un dommage irréparable?

La mesure que prend en ce moment le Gouvernement doit-elle, un seul instant, paralyser le retrait de ces billets? doit-elle léser les intérêts de l'établissement de crédit que vous dirigez et dont les commissions, touchant la substitution, sont prévues par la loi?

Vous savez que non.

Tous les agents du Gouvernement de la République étant tenus de se soumettre aux dispositions prises par l'arrêté du 6 juillet courant et à *toutes les conséquences logiques* que cet acte public et authentique peut entraîner après lui, je ne vois pas pourquoi la Banque Nationale d'Haïti, en sa qualité de dépositaire de fonds de l'Etat, ne serait pas astreinte à obéir aux circonstances que fait naître le retard de la fabrication des billets de caisse de la substitution, circonstances qui sont entièrement indépendantes de la volonté du Pouvoir exécutif.

Comme conséquence de tout ce qui est dit plus haut, je vous invite encore, *dès la présente reçue*, à virer au crédit du compte « Réserve en or » les $ 71,658.85, dont vous entretient ma dépêche du 19 du courant, valeur que vous porterez au débit du compte « 50 c. or affectés au retrait du papier-monnaie ».

Vous êtes, en même temps, invité, sous peine d'être *responsable* de toutes difficultés que pourraient occasionner les mesures que vous avez cru devoir prendre, à donner pleine et entière satisfaction à *tous ceux* qui ont acheté de l'or du Gouvernement et qui se sont déjà présentés à la Banque, pour verser à ses guichets la contre-valeur en monnaie nationale, augmentée de la prime convenue.

En y réfléchissant mûrement, la Banque ne manquera pas de se convaincre que ses objections sont dénuées de fondement et n'ont pas pour but l'intérêt général. C'est une délégation qu'elle a reçue de l'État et sa responsabilité, en fait et en droit, est couverte par l'arrêté du 6 juillet. Ceci établi, il ne peut plus être question que de l'intérêt de la Nation à ne pas laisser improductives dans vos mains des sommes importantes quand elle paie elle-même des intérêts sur les sommes qu'elle emprunte. La décision du Conseil des Secrétaires d'État, que je vous ai signifiée ce matin, ordonnant la restitution du prêt statutaire dû à la Banque depuis plus de douze années, est le premier pas dans cette voie.

Je vous invite à ne pas faire plus longtemps obstacle à cette décision.

Recevez, Monsieur le Directeur, l'assurance de ma considération distinguée.

F. MARCELIN.

SECTION
de la
COMPTABILITÉ GÉNÉRALE

N° 463

Port-au-Prince, le 22 juillet 1893.

Au Directeur de la Banque Nationale d'Haïti.

MONSIEUR LE DIRECTEUR,

J'ai en ma possession votre lettre de ce jour, n° 768, responsive à ma dépêche du 20 courant, n° 207.

La Banque *étant dégagée de toute responsabilité envers les tiers* par les termes même de ma dépêche susparlée, elle est invitée, une dernière fois, à exécuter ponctuellement les dernières instructions du gouvernement concernant le virement au compte « Réserve en or » des 71,658.35 à distraire du compte « Émission » $ 4,040,795.

La présente étant une confirmation de la *décharge* que vous croyez devoir encore réclamer, j'estime qu'elle vous donnera pleine satisfaction et qu'elle dégagera entièrement votre responsabilité vis-à-vis des tiers.

Recevez, Monsieur le Directeur, l'assurance de ma considération distinguée.

F. MARCELIN.

Port-au-Prince, le 26 juillet 1893.

Au Directeur de la Banque Nationale d'Haïti.

MONSIEUR LE DIRECTEUR,

A ma dépêche du 20 courant, n° 206, vous invitant à virer du compte « Réserve en billets » au crédit du compte « Avances statutaires » la somme de $ 300,000, vous répondez, par votre lettre du 25 de ce mois, n° 712, que, jusqu'à cette dernière date, le solde créditeur du compte « Réserve en billets » ne s'élève qu'à la somme de $ 289,000.01 et que, par ce fait, vous vous trouvez dans l'impossibilité de vous conformer à mes instructions.

Je vous rappelle, Monsieur le Directeur, qu'il a été convenu entre nous, à l'égard des $ 10,000 or, provenant des $ 71,638.35 distraites de la caisse de la substitution, que la Banque dut les prendre à sa charge à 10 0/0 de prime en faveur de l'Etat, soit $ 11,000, qui ajoutées aux 289,000.01 donnent le montant du prêt statutaire.

Il me semble que, cette mesure arrêtée entre nous, il n'y avait pas lieu de faire une correspondance à cet effet.

Par votre lettre à laquelle je réponds, vous avez jugé utile de me rappeler que le prêt statutaire soldé, le Gouvernement et la Banque devront naturellement rentrer dans les conditions régulières stipulées dans le décret du 10 septembre 1880, conformément aux articles 17 et 18 dont vous m'avez mis sous les yeux la teneur.

Que dit, Monsieur le Directeur, dans sa lettre et dans son esprit, l'article 18 du décret susparlé ?

Cet article 18 dit positivement que le compte spécial des avances de la Banque *sera arrêté et balancé tous les quatre mois*. Il s'ensuit par conséquent que les sommes qui peuvent résulter au débit du Gouvernement, au compte du Crédit que la Banque est tenue de faire à l'Etat, ne doivent être réglées qu'à ce terme de liquidation.

Or étant, en ce moment, au mois de juillet, l'article 18 ne *pourrait être* appliqué qu'à la fin du mois d'octobre prochain, *si la Banque Nationale n'était absolument engagée* vis-à-vis du Gouvernement par la *Convention* du 9 septembre 1892, sanctionnée dans toutes ses parties par la loi du 29 septembre de la même année, laquelle, à son tour, abroge momentanément et jusqu'au 30 septembre prochain toutes les lois et dispositions de lois qui lui sont contraires.

En effet, Monsieur le Directeur, l'article 6 de la susdite convention énonce, d'une manière absolue, que la Banque, sous aucun prétexte, ne pourra, à la date du 30 septembre 1893, être créancière de l'Etat.

Le dernier paragraphe du même article autorise péremptoirement le Secrétaire d'Etat des Finances à solder, par *tous les moyens financiers en son pouvoir*, la balance qui pourra exister, à la même date du 30 septembre de la présente année, en faveur de la Banque.

Comment donc pouvez-vous, en présence de ces considérations nettement définies, penser à me rappeler, dans un but qui échappe à ma sagacité, les termes des articles 17 et 18 du décret de 1880 ?

Vous admettrez avec moi que ces dispositions derrière lesquelles vous vous retranchez, pour contrarier la combinaison financière qui vient d'être prise, ne peuvent produire aucun résultat en votre faveur, de quelque façon que vous en demandiez l'exécution.

Un mot pour finir :

Le décret du 10 septembre 1880 accordant d'immenses avantages à la Banque (avantages que ne trouve sur aucun point des deux continents aucune institution de crédit), celle-ci a pour devoir d'aider le Gouvernement de la République, même dans les circonstances les plus difficiles, à réaliser tous les progrès possibles et non pas à lui créer des embûches, des obstacles, qui ne peuvent que nuire aux bons rapports devant nécessairement exister entre le Pouvoir exécutif haïtien et elle.

Veuillez agréer, Monsieur le Directeur, l'assurance de ma considération distinguée.

F. MARCELIN.

Port-au-Prince, le 16 août 1893,

Au Directeur de la Banque Nationale d'Haïti.

MONSIEUR LE DIRECTEUR,

Je vous accuse réception de votre lettre d'avant-hier, au n° 782, datée, par erreur, du 14 juillet.

Vous me faites observer que la disponibilité pour le mois d'août est dépassée de $ 137,469.93 et qu'il reste encore à régler les chèques sur vos succursales et agences pour les départements de la Guerre et de la Marine et de l'Intérieur. Vous ajoutez que vous ferez volontiers ces avances de fonds pour les dépenses budgétaires, mais que pour ce qui concerne d'autres paiements vous ne pourrez les effectuer aux mêmes conditions et que, dans ce cas, pour faire honneur à ma signature, vous appliquerez ces sommes à payer au crédit des $ 300,000 du prêt statutaire que le gouvernement vient de dégager.

Je regrette de constater, une fois de plus, la persistance que vous déployez pour forcer, par tous les moyens en votre pouvoir, le Gouvernement à disposer le plus vite possible de ce crédit de $ 300,000. A cause de cette persistance, je suis obligé de vous faire observer qu'avant ce dégagement du prêt statutaire, notre service de recettes et paiements marchait sans encombre et que ce n'est que depuis cet événement que vous cherchez toutes sortes de prétextes pour entraver la marche de ce service. Au lieu de vous réjouir d'une situation bien faite pour vous donner confiance, vous semblez vous en courroucer. L'année dernière, presque à pareille date et pour le même service, le Gouvernement vous devait près de $ 700,000. Vous ne disiez mot ; il est vrai que cette somme rapportait 2 1/2 0/0 par mois. Aujourd'hui, quelles que soient les éventualités qui peuvent se présenter, l'Etat ne pourra jamais vous devoir au 30 septembre une somme dépassant $ 300,000. Et combien autre est sa situation si on la compare avec celle de l'année dernière ! Il a $ 300,000 dans vos mains ; près de $ 100,000 en or sont disponibles à ses ordres dans vos caveaux et dans deux ou trois mois cette somme dépassera $ 200,000 ! Etes-vous donc justifié dans vos alarmes, vos inquiétudes et vos craintes? Ne devriez-vous pas plutôt être enchanté d'avoir un débiteur offrant de telles sûretés !

J'ai besoin, Monsieur le Directeur, de toute ma quiétude d'esprit pour m'occuper des affaires de l'Etat et justifier la confiance dont le Président de la République m'a honoré. Je ne puis donc, chaque fois que je prends une mesure que je crois bonne et profitable au pays, songer au ressentiment probable de la Banque et à la menace perpétuelle de *couper les vivres* qu'elle fera retentir pour la faire avorter !

Pour en finir, il ne me coûte nullement de vous déclarer encore de nouveau que, quelle que soit la somme qu'on pourra vous devoir au 30 septembre, cette somme vous sera intégralement et exactement payée à son échéance. Le Corps législatif, vous le savez bien, m'a suffisamment armé pour cela. J'espère donc que vous n'insisterez plus sur ce qui fait l'objet de votre lettre, vous contentant de la commission sur les avances faites à l'Etat.

Avant de clore cette dépêche, vous me permettrez une réflexion, Monsieur le Directeur. Ne pensez-vous pas qu'un service comme celui de la convention du 9 septembre 1892, qui rapporte annuellement (en y comprenant les commissions antistatutaires sur le transport des sommes dans les provinces) un chiffre de $ 91,000, devrait inspirer à la Banque moins de raideur vis-à-vis du pays qui lui procure ce bénéfice ?

Agréez, Monsieur le Directeur, l'expression de mes salutations les plus empressées.

F. MARCELIN.

Le but que la Banque poursuivait, elle l'atteignit enfin avec l'aide et le concours de la Chambre des députés.

On n'a qu'à lire, pour s'en convaincre, dans le *Moniteur*,

l'extrait suivant, lequel, du reste, est intéressant sous bien d'autres rapports.

CHAMBRE DES REPRÉSENTANTS

SÉANCE DU LUNDI 13 NOVEMBRE 1893

Présidence de M. le député Stewart.

M. LE PRÉSIDENT. — Messieurs, c'est ici que l'on doit rétablir l'équilibre du budget. La Chambre ayant fait des augmentations, c'est à elle de couvrir le déficit qui résulte de ces augmentations. Les deux bureaux des deux Chambres ont décidé de s'entendre sur ce point.

M. A. SAINT-ROME. — Votre observation est juste, Monsieur le Président, mais je crois que la présence du Ministre des finances devient nécessaire.

M. E. MATHON. — Je me demande si une entente est nécessaire entre les deux bureaux. Il suffit, il me semble, de dire que le déficit sera couvert par les droits de tonnage et le prêt statutaire.

M. LE PRÉSIDENT. — Eh bien ! on ajoutera aux voies et moyens : et le *prêt statutaire.*

L'Assemblée adopte la proposition du Président.

M. F. MARCELIN, Ministre des finances, pénétrant dans l'enceinte. — Monsieur le Président, je désire savoir sur quoi la Chambre vient de statuer.

M. LE PRÉSIDENT. — Sur le moyen d'équilibrer le budget. VOUS AVEZ LAISSÉ A LA CHAMBRE LA RESPONSABILITÉ DES AUGMENTATIONS QU'ELLE A FAITES ; ELLE L'A ACCEPTÉE, CETTE RESPONSABILITÉ. Partant, elle devait aviser au moyen de couvrir le déficit, c'est ce qu'elle vient de faire.

M. F. MARCELIN, Ministre des finances. — J'ai le droit de demander à la Chambre de revenir sur le vote qu'elle vient de donner. En tout cas, je n'ai pas abdiqué mes prérogatives de Ministre. J'entendais assister à cette discussion. Je ne cache pas que je regrette vivement la précipitation que la

Chambre a mise dans ce vote. Je désire savoir, Monsieur le Président, quels sont les moyens adoptés par l'Assemblée pour rétablir l'équilibre du budget ?

M. LE PRÉSIDENT. — La Chambre a décidé d'ajouter le crédit statutaire aux droits de tonnage.

M. F. MARCELIN. — Je suis certain que si on m'avait appelé, comme c'était d'ailleurs le devoir du bureau, la Chambre n'eût pas voté dans ce sens.

M. LE PRÉSIDENT. — Le bureau n'avait pas à vous appeler. Vous savez qu'il vous incombe d'assister à toutes les séances de la Chambre jusqu'à ce que tous les budgets soient votés définitivement.

M. F. MARCELIN. — Lorsqu'il s'agit de donner un vote aussi important, je persiste à dire que le bureau avait pour devoir de m'appeler. Je déclare que, de tous les moyens à l'ordre du jour pour équilibrer le budget, celui-ci est le plus mauvais.

M. LE PRÉSIDENT. — Vous n'avez pas le droit de critiquer un vote de la Chambre.

M. F. MARCELIN. — En émettant cette opinion, je n'ai nullement l'intention de froisser l'Assemblée...

M. E. MATHON. — LA CHAMBRE ASSUME TOUTE LA RESPON-SABILITÉ DE SON VOTE. Si le Ministre a une observation à faire, il la fera au Sénat.

M. F. MARCELIN. — Je demande acte au Bureau de n'avoir pas été appelé pour cette discussion.

Le 16 novembre 1893, par un rapport longuement motivé, adressé au Président de la République et au Conseil des Secrétaires d'État, je portai officiellement à leur connaissance la surprise faite par le Corps législatif et toutes ses consé-quences probables. (Voir le *Département des Finances et du Commerce*, pages 159-163.)

Port-au-Prince, le 19 août 1893.

Au Directeur de la Banque Nationale d'Haïti.

MONSIEUR LE DIRECTEUR,

Mon département expédie annuellement à Paris, tant pour le paiement des coupons et des obligations amorties que pour l'acquittement de diverses fournitures faites pour compte de l'État, des sommes très élevées en traites à quatre-vingt-dix jours de vue, qui sont escomptées par le Siège social.

Or, j'ai remarqué par vos divers décomptes que la Banque n'applique jamais sur ces valeurs un taux d'escompte moindre de 4 0/0; très souvent, ce taux est même dépassé et s'élève jusqu'à 5 0/0. La Banque ajoute encore, en dehors de sa commission de trésorerie, une commission d'escompte de 1/4 0/0.

Vous savez, Monsieur le Directeur, que le taux d'escompte fixé par la Banque de France est de 2 1/2 0/0 net, et c'est à ce taux que tout le papier secondaire est escompté. Le papier de la Haute Banque s'escompte généralement au-dessous du taux de la Banque de France.

Je vous saurai donc gré d'aviser le Siège social que, désormais, le Gouvernement demande que son papier soit escompté au taux de la Banque de France et net de commission d'escompte. Au cas où le Siège social refuserait d'accéder à cette juste demande, vous voudrez bien me le faire savoir, afin que je vous indique l'établissement financier qui, contre remise des traites, en mettra immédiatement la valeur à votre disposition.

Recevez, Monsieur le Directeur, l'expression de mes salutations les plus empressées.

F. MARCELIN.

Port-au-Prince, le 2 septembre 1893.

Au Directeur de la Banque Nationale d'Haïti.

Monsieur le Directeur,

Veuillez passer des ordres formels à vos agents pour qu'il ne soit plus versé, à partir du 1er octobre 1893, aux administrateurs des finances de la République, *sur reçus à régulariser*, les fonds nécessaires au paiement de la solde et de la ration.

Ces sorties de fonds devront s'effectuer, à l'avenir, conformément aux prescriptions de l'article 52 du règlement pour le service de la Trésorerie.

Des mesures sont prises par le département des finances pour que le service de l'armée n'ait point à souffrir de la stricte exécution de cette disposition réglementaire.

Recevez, Monsieur le Directeur, l'assurance de ma considération distinguée.

F. MARCELIN.

SECTION
de la
COMPTABILITÉ GÉNÉRALE
—
N° 519
—

Port-au-Prince, le 4 octobre 1893.

Au Directeur de la Banque Nationale d'Haïti.

Monsieur le Directeur,

Dans le compte hebdomadaire que vous m'avez fourni hier, je vois que vous déduisez d'office, de la balance due à la

Banque au 30 septembre expiré, le montant du prêt statutaire de $ 300,000.

Ce découvert est et doit rester aux ordres du Gouvernement qui, seul, peut en disposer dans les formes prescrites
par les articles 17 et 18 du décret du 10 septembre 1880.

Le solde débiteur du Gouvernement au 30 septembre
dernier provient d'une convention spéciale entre l'Etat et la
Banque. Cette convention, qui a force de loi, laisse au Secrétaire d'Etat des finances, seul, le droit d'employer tous les
moyens financiers pour que la Banque ne soit créancière
de l'Etat au 30 septembre 1893.

En vertu de quel droit avez-vous pu créditer le compte
« Recettes et Paiements » des $ 300,000, en débitant le
Gouvernement du montant du prêt statutaire? Vous ne
pouvez en aucun cas faire état de l'article 17 du contrat du
10 septembre 1880 quand la situation qui est faite à la
Banque par la convention de septembre 1892 ne s'applique
nullement à l'actualité.

L'écriture que vous avez passée est donc irrégulière.

Le Gouvernement, vous le savez, Monsieur le Directeur, a
déjà repoussé la prétention de la Banque, tendant à invoquer l'article 17 du contrat, article, je vous répète, qui n'a rien
à faire dans l'espèce, d'autant plus que la convention spéciale qui vient d'expirer abroge toutes les dispositions de loi
qui lui sont contraires.

En un mot, vous ne pouvez pas disposer du prêt statutaire en dehors de notre assentiment formel, le Gouvernement ayant seul le droit d'user de son crédit.

Dans le cas où j'aurais, en vertu d'une décision du Conseil
des Secrétaires d'Etat, à faire usage du crédit de $ 300,000
que la Banque est tenue de faire à l'Etat sur la demande
du Pouvoir Exécutif, j'userais de ce crédit dans les conditions exigées par les articles 17 et 18 du décret du 10 septembre 1880.

Vous rétablirez donc les comptes comme ils doivent l'être,
le Gouvernement sera débiteur de la Banque de la balance
due au 30 septembre, et le prêt statuaire restera au crédit de
l'Etat comme l'ont voulu le Pouvoir Législatif et le Pouvoir
Exécutif.

Ce point arrêté, j'ajoute que, aussitôt l'autorisation préalable du Conseil des Secrétaires d'Etat obtenue, je porterai à

votre connaissance le moyen financier qui devra amener promptement la liquidation du solde qui vous est dû au 30 septembre dernier, solde que, de par la loi même, je suis dans l'obligation d'éteindre.

Recevez, Monsieur le Directeur, l'assurance de ma considération distinguée.

F. MARCELIN.

<table>
<tr><td>SECTION
de la
COMPTABILITÉ GÉNÉRALE
—
N° 520
—</td><td>*Port-au-Prince, le 6 octobre 1893.*</td></tr>
</table>

Au Directeur de la Banque Nationale d'Haïti.

MONSIEUR LE DIRECTEUR,

Votre lettre du 5 octobre courant, n° 710, responsive à ma dépêche de la même date, n° 189, est en ma possession.

Quand je vous ai annoncé que le Corps Législatif a définitivement voté au Gouvernement un crédit de $ 500,000 à prélever sur les billets de la substitution, vous êtes dans l'obligation de croire à ce que je vous ai dit officiellement et d'exécuter, dans toute leur teneur, les ordres de paiement que je vous ai adressés.

La loi qui vient d'être votée et qui est une patriotique pensée de la volonté nationale ne saurait tomber sous la critique intéressée de la Banque Nationale d'Haïti.

Je vous retire donc entièrement le droit, Monsieur le Directeur, en votre qualité d'agent du Gouvernement de la République, puisque vous avez notre service de trésorerie, dont seul j'ai la direction et le haut contrôle, de prendre cette attitude, essentiellement hostile à la bonne marche du service public.

Vous êtes avisé, Monsieur le Directeur, que si de graves dissentiments survenaient entre le Gouvernement Haïtien et la Banque Nationale, vous en aurez seul toutes les responsabilités, et devant le pays et devant votre conseil d'administration.

La loi qui accorde ce crédit de $ 500,000 au Secrétaire d'Etat des finances sera promulguée quand le moment arrivera, le journal officiel de la République, vous le savez bien, ne paraissant que deux fois par semaine.

Je ne dois pas vous le dissimuler, Monsieur le Directeur, le Pouvoir Exécutif, à qui vous semblez contester ses droits et prérogatives, est décidé à prendre, envers et contre tous, toutes les mesures propres à faire respecter, surtout par ses subordonnés, son autorité et sa dignité. Tenez-vous pour averti...

Vous êtes donc invité à vous conformer, sans restriction, aux ordres que je vous ai donnés, concernant le paiement des appointements, etc., du mois de septembre dernier.

Je vous salue avec une parfaite considération.

F. MARCELIN.

SECTION
de la
COMPTABILITÉ GÉNÉRALE
—
N° 258
—

Port-au-Prince, le 17 octobre 1893.

Au Directeur de la Banque Nationale d'Haïti,

MONSIEUR LE DIRECTEUR,

Pour la stricte exécution du budget de l'exercice 1893-94 et en conformité de ma dépêche du 10 du courant, n° 251, je vous invite à prendre les mesures suivantes en tout point d'accord avec la loi du 11 octobre 1893, réglant le service de la dette flottante de l'État.

Le budget des recettes de cet exercice, comprenant les 50 c. de droits sur le café créés par le décret du 3 octobre 1889 et ces 50 c. ne pouvant être distraits des revenus généraux de l'État sans porter atteinte à l'équilibre du budget général de la République, vous aurez donc à encaisser pour le compte du service de la dette flottante, et à partir du 1er février 1894 seulement, conformément au quatrième paragraphe de la loi du 11 octobre 1893, publiée au *Moniteur* du 14 de ce mois, les 50 c. affectés aux billets de caisse par la loi du 29 septembre 1892 afin de former la garantie exigée par le nouveau règlement voté par le Corps Législatif.

Pour éviter tout malentendu entre le Gouvernement et la Banque, je vous rappelle que les droits d'exportation dont l'énumération suit sont seuls affectés à l'acquittement de la Dette intérieure et extérieure de l'État en capital et intérêts :

Par 100 liv. de café

Dette extérieure	0.33 1/3
Dette Intérieure consolidée et convertie	0.50
Bons 12 0/0, Miott Scott, Luders et Th. Brickenrige	0.30
Billets Légitime de $ 5	0.26 2/3
Dette flottante représentée par les emprunts du syndicat de janvier 1892 et janvier 1893 et par celui du 30 septembre 1892, dont 50 c. (substitution) qui ne commenceront à être prélevés de ce chef qu'au 1er février 1894	1.50
TOTAL, par 100 liv. de café.. $	2.90

Le total des droits sur le café s'élevant à $ 3.86 2/3, il reste donc disponible $ 0.96 2/3 de droits sur cette denrée, ainsi que la totalité des droits sur le campêche, le cacao et tous les autres produits d'exportation.

Les droits revenant à l'État par le fait de la loi précitée, seront encaissés aux ordres du Gouvernement et devront être l'objet d'un compte spécial dont l'extrait sera tous les matins expédié à la Secrétairerie d'État des finances.

Pour ce qui a trait aux § 2.90 or américain affectés au paiement de la Dette publique, les répartitions ne seront faites que sur instructions formelles de mon Département données sur avis préalable de la Banque.

Il demeure bien entendu, Monsieur le Directeur, que les 50 c. de la substitution ne pourront contribuer à former la garantie de § 1.50 à la Dette flottante qu'à partir du 1er février 1894. Toutes les valeurs recouvrées de ce chef jusqu'à cette dernière date resteront donc entièrement à la disposition du Gouvernement et dans les conditions actuelles.

En ce qui concerne les droits d'importation et autres, vous continuerez à observer les instructions que par diverses dépêches je vous ai déjà données.

Veuillez m'accuser réception de la présente et recevoir l'assurance de ma considération distinguée.

F. MARCELIN.

<table>
<tr><td>SECTION
de la
COMPTABILITÉ
—
N° 265
—</td><td>Port-au-Prince, le 24 octobre 1893.</td></tr>
</table>

Au Directeur de la Banque Nationale d'Haïti.

MONSIEUR LE DIRECTEUR,

L'article 17 du décret qui institue la Banque Nationale d'Haïti s'exprime ainsi :

« Le compte des recettes et paiements qui s'établira entre le Gouvernement et la Banque par suite de ce service de trésorerie sera arrêté et balancé tous les mois. Les sommes qui peuvent en résulter au débit du Gouvernement seront portées au compte du crédit que la Banque s'engage à faire à l'État. Ce crédit pourra s'élever à la somme de trois cent mille gourdes. »

Or, la Banque débite journellement l'État de la commission de 1 0/0 sur les encaissements et de 1/2 0/0 sur les paiements.

Cette façon de faire est contraire à la loi. Elle doit cesser. Vous établirez désormais, à la fin de chaque mois et à partir du 1er novembre, votre compte de commission, lequel compte, après avoir été approuvé, ordonnancé et mandaté par le Département, devra être porté au débit du Gouvernement, conformément au texte de l'article 17 ci-dessus cité et de nos lois de finances.

La loi est formelle et s'exprime assez clairement pour que toute discussion soit impossible.

Vous m'expédierez l'état des commissions que vous aurez perçues du 1er au 31 octobre; et ce, dans les premiers jours de novembre et par exercice, pour que la régularisation en soit faite comme ci-dessus.

Je vous salue, Monsieur le Directeur, avec une parfaite considération.

F. MARCELIN.

————

<table>
<tr><td>

SECTION
de la
COMPTABILITÉ
—
N° 264
—

</td><td>

Port-au-Prince, le 24 octobre 1893.

</td></tr>
</table>

Au Directeur de la Banque Nationale d'Haïti.

MONSIEUR LE DIRECTEUR,

Je vous accuse réception de votre lettre du 20 de ce mois, au n° 718.

Je ne vois pas d'inconvénient à adopter le libellé que vous proposez pour les nouveaux Bons que vous aurez à émettre pour les emprunts des 30 septembre et 28 décembre 1892.

Vous me demandez si je maintiens la restriction de ma dernière dépêche, restriction ainsi conçue :

« Pour ce qui a trait aux $ 2.90 or américain affectés au « paiement de la Dette publique, les répartitions ne seront « faites que sur instructions formelles de mon Département « données sur avis préalable de la Banque. »

Vous devez fort bien comprendre, Monsieur le Directeur, qu'en votre qualité de fonctionnaire du Gouvernement, vous ne pouvez pas faire ces répartitions en dehors des instructions du Département, instructions qui vous seront, je le répète, données immédiatement après votre avis préalable.

Il ne s'agit pas des droits des tiers qui, en aucun cas, ne peuvent être lésés : ces droits sont sauvegardés par des lois formelles, dont il n'est au pouvoir de qui que ce soit d'arrêter les effets.

Votre devoir est d'établir aux yeux des intéressés qu'il n'est question ici que de rapports purement d'administration.

Aucun comptable des deniers publics ne peut d'office opérer un paiement sans instructions du fonctionnaire de qui il relève.

Je vous invite donc, Monsieur le Directeur, puisque le texte de la dépêche du 17 octobre semble avoir été mal interprété par vous, à porter celle-ci, et en la commentant dans son sens réel et vrai, à la connaissance des intéressés.

Je vous salue, Monsieur le Directeur, avec une parfaite considération.

F. MARCELIN.

SECTION
de la
COMPTABILITÉ

N° 268

Port-au-Prince, le 24 octobre 1893.

Au Directeur de la Banque Nationale d'Haïti.

MONSIEUR LE DIRECTEUR (1),

Je vous accuse réception de votre lettre du 20 courant, n° 720.

Le litige qui existe entre la Banque et le Gouvernement d'Haïti au sujet du prêt statutaire de $ 300,000 n'étant pas encore réglé, je ne puis par conséquent accepter la situation de la Banque arrêtée au 30 septembre que vous m'avez envoyée, dans laquelle se trouvent consignées à l'actif ces $ 300,000.

Je vous la retourne donc pour être rectifiée, et vous salue, Monsieur le Directeur, avec une haute considération.

F. MARCELIN.

SECTION
de la
COMPTABILITÉ

N° 266

Port-au-Prince, le 24 octobre 1893.

Au Directeur de la Banque Nationale d'Haïti.

MONSIEUR LE DIRECTEUR,

Par votre lettre du 20 du courant, au n° 719, vous m'annoncez, en réponse à ma dépêche du 13 de ce mois, au n° 255,

---

(1) Le lendemain, 25, par sa lettre au n° 725, la Banque ayant rectifié, ordre fut donné par le département d'insérer la situation au *Journal Officiel.*

que le Conseil d'administration de la Banque regrette de ne pas pouvoir partager ma manière de voir à l'égard du crédit statutaire, en prétextant qu'il avait été entendu entre nous au Palais National, que s'il résultait du compte « Recettes et Paiements » un solde au débit du Gouvernement, ce solde serait applicable à ce crédit qui est de $ 300,000.

Pour répondre aux considérations erronées de votre lettre, il me suffit de vous mettre sous les yeux le quatrième paragraphe de l'article 18 du décret du 10 septembre 1880, pour que vous soyez convaincu de votre erreur.

Art. 18. — . . . .

« Si la Banque trouvait opportun d'*augmenter le chiffre de ses avances* et de prolonger le terme des échéances, *ces conditions nouvelles seraient l'objet d'une convention spéciale entre l'Etat et la Banque.* »

Or, la balance due au 30 septembre 1893 n'étant que la conséquence logique de la convention légale promulguée le 13 octobre 1892, vous ne sauriez avoir le droit de frapper d'embargo le crédit statutaire de $ 300,000.

Il est donc établi qu'on ne peut confondre, sans tomber dans la plus grande hérésie, le crédit statutaire qui n'est que l'effet légal du privilège de trésorerie accordé à la Banque et les avances faites par cet établissement au Gouvernement en vertu de la convention budgétaire de septembre 1892 signée conformément aux dispositions du quatrième paragraphe de l'article 18 du décret du 10 septembre 1880.

Le Gouvernement ayant solennellement remboursé les $ 300,000, la Banque est dans l'obligation de faire notre service de trésorerie dans les conditions prévues par la loi. A l'appui de cette dernière considération, je vous mets sous les yeux le texte de l'article 15 du décret du 10 septembre 1880.

Art. 15. — La Banque sera chargée du service de la trésorerie du Gouvernement d'Haïti et, par suite, de recevoir à l'encaissement toutes les sommes revenant à l'Etat, et notamment les droits de douane sur l'importation et l'exportation.

Elle sera également chargée, dans *les limites du crédit dont il est parlé à l'article 17*, d'effectuer tous les paiements pour le compte de l'Etat. . . . .

. . . .

En vertu de cet article combiné avec celui portant le nᵒ 17, la Banque ne peut donc pas, sans risquer sa propre existence, retirer au Gouvernement le crédit de $ 300,000 qui est la rançon du privilège dont elle jouit, le solde débiteur du Gouvernement au 30 septembre 1893, je vous le répète, n'étant que la conséquence de la convention de septembre 1892.

Rappelez-vous, en outre, que seul j'ai le droit de recourir à un moyen financier quelconque pour éteindre le solde débiteur de $ 780,000 environ.

Le Gouvernement prend des mesures pour que vous soyez payé, de façon que ni ses intérêts ni les vôtres ne soient lésés.

Le Conseil d'administration, me dites-vous, se montre surpris de ce que le Gouvernement n'ait pas acquitté jusqu'à la date de votre lettre ce solde débiteur conformément aux engagements pris par l'Etat envers la Banque.

Vous savez bien, Monsieur le Directeur, que si cela n'a pas été fait, c'est que les travaux des Chambres, malgré tout leur bon vouloir, n'ont pas marché assez vite pour me permettre d'arriver à cette fin, au point que le budget de l'exercice 1893-94 n'est pas encore voté. Je ne puis rien sans le Corps Législatif, qui est seul apte à sanctionner les moyens dont je dispose pour combler le découvert du Gouvernement à la Banque au 30 septembre 1893, découvert qui ne peut être réglé que dans les conditions spéciales prévues par la convention budgétaires de septembre 1892.

Vous voudrez bien, Monsieur le Directeur, attirer l'attention de votre Conseil d'administration sur la réfutation du Gouvernement, laquelle repose sur des textes de loi que vous ne pouvez pas avoir le droit d'interpréter à votre guise.

Et le Gouvernement et la Banque ont pour devoir de s'incliner devant l'autorité de la loi.

Je vous salue, Monsieur le Directeur, avec une parfaite considération.

F. MARCELIN.

SECTION
de la
COMPTABILITÉ
—
N° 281
—

Port-au-Prince, le 7 novembre 1893.

Au Directeur de la Banque Nationale d'Haïti.

MONSIEUR LE DIRECTEUR,

Le chiffre de $ 562.49 porté au débit du Gouvernement, à la date du 31 courant, pour *frais d'expédition de fonds de Port-au-Prince à la Côte, et vice-versa*, étant antistatutaire, je vous invite à le contrepasser au crédit de l'Etat. En effet, il n'y a aucun article des statuts qui stipule en faveur de la Banque des *frais pour expédition de fonds;* il n'y est porté qu'une *commission de 1 0/0 à la recette et 1/2 0/0 à la dépense pour faire le service de trésorerie à Port-au-Prince et à la province.*

Donc, les frais d'expédition de fonds sont bien à la charge de la Banque.

D'ailleurs, vous ne l'ignorez pas, Monsieur le Directeur, tous mes prédécesseurs ont dû se récrier contre cet abus, abus que je veux faire cesser maintenant en vous invitant à vous renfermer dans les clauses de votre contrat.

Vous voudrez bien m'accuser réception de la présente, et agréer l'assurance de ma haute considération.

F. MARCELIN.

N° 289

—

Port-au-Prince, le 20 novembre 1893.

MONSIEUR LE DIRECTEUR,

Je vous accuse réception de votre lettre du 14 novembre, n° 738, en réponse à ma dépêche du 7, même mois, n° 281.

Vous ne partagez pas, dites-vous, mon interprétation de l'article 18 de votre contrat constitutif relativement au transport de fonds dans les provinces : *tous mes honorables prédécesseurs, depuis la création de la Banque, après examen de la question,* ajoutez-vous, *ont tous reconnu que ces frais sont bien à la charge de l'État.*

Tout en prenant acte que tous mes honorables prédécesseurs, de votre propre aveu, ont dû devoir examiner la question, — ce qui implique *a posteriori* que le droit de la Banque n'était pas si bien établi, comme vous semblez le croire — je n'ai qu'à marquer le regret d'être en complet désaccord sur ce point avec mes honorables prédécesseurs. En effet, aucun article de votre contrat ne stipule qu'en sus de vos commissions statutaires, vous pouvez prélever une nouvelle commission pour le transport des fonds dans les provinces. Si votre service de trésorerie vous exige en ce moment plus de frais qu'à l'époque de votre installation, c'est que ce service, de $ 4,000,000 environ qu'il était il y a douze ans, a dépassé aujourd'hui le chiffre de $ 8,500,000, aussi bien à la recette qu'à la dépense.

Il est donc naturel qu'en percevant plus du double de commissions statutaires, vous ayez aussi quelques milliers de gourdes en plus de frais. Au surplus, vous aviez si peu droit à cette commission de transport de fonds dans les provinces que, à l'occasion de la convention sur l'avance des $ 350,000, vous avez exigé l'insertion d'un article qui obligeait l'État à servir cette commission. Si cette commission était statutaire, vous n'auriez pas eu besoin de lui donner cette nouvelle consécration. Or, la convention cessant, il est évident que ses effets ont cessé.

Enfin, le Corps Législatif s'est prononcé dans le même sens, dans les discussions qui ont eu lieu dernièrement, à propos du vote du crédit de $ 500,000 accordé au Gouvernement. Je n'ai donc pas qualité pour aller à l'encontre d'une décision du Corps Législatif, décision basée sur votre contrat constitutif.

Pourvu que ces frais ne figurent pas à la charge de l'Etat au compte « Recettes et Paiements », c'est tout ce qu'il me faut. Je n'ai pas à intervenir si vous tenez à les porter sur un compte spécial pour faire valoir vos réclamations devant qui de droit.

Fort de l'évidence et du texte même de votre contrat, le département sera toujours disposé à reprendre cette discussion avec vous.

Recevez, Monsieur le Directeur, l'assurance de ma haute considération.

F. MARCELIN.

——— — ——

BANQUE NATIONALE
d'Haïti

Paris, le 7 novembre 1893.

Le Conseil d'administration de la Banque Nationale d'Haïti à Monsieur le Secrétaire d'Etat aux départements des Finances et du Commerce, à Port-au-Prince.

MONSIEUR LE SECRÉTAIRE D'ETAT,

Nous avons l'honneur de vous accuser réception de votre lettre du 28 septembre dernier par laquelle vous nous priez de créer une succursale au Petit-Goâve. Nous allons étudier la création projetée dans le même esprit que les précédentes, et nous serions heureux de rentrer dans les vues du Gouvernement, en donnant à cette affaire une solution conforme à votre demande. Nous avons été très sensibles aux félicitations que contenait votre lettre précitée, et nous restons toujours dans les dispositions que vous témoignait celle que nous vous écrivions le 9 mai dernier et les propositions qui ne tardèrent pas à s'ensuivre.

Si nous rappelons ces précédents, c'est que nous désirons vivement vous convaincre que nous n'avons rien tant à cœur que de donner notre concours, dans toute la limite du possible, à votre administration et à votre politique financière.

Nous ne doutons pas, Monsieur le Secrétaire d'Etat, que vous ne soyez animé des mêmes vues conciliantes, et que vous ne considériez notre intervention directe comme la meilleure preuve de notre désir d'arriver au règlement amiable des divergences qui se sont élevées, entre votre département et la direction locale, au sujet du crédit statutaire et du solde au 30 septembre de la dernière convention budgétaire. A cet effet, M. le ministre et envoyé extraordinaire d'Haïti à Paris a bien voulu nous prêter son obligeant concours et vous annoncer, par câble, l'envoi de la présente communication.

La question comporte deux points de vue : le premier juridique et touchant à l'interprétation du contrat, le second relatif à la situation de fait créée à la Banque et aux moyens d'aplanir les difficultés pendantes.

En ce qui concerne le premier, autant pour donner plus d'autorité à l'avis formulé que pour éviter l'apparence d'une contradiction personnelle, nous avons eu recours aux lumières d'un maître du barreau de Paris, membre de l'ordre, Mᵉ Devin. Il a rédigé, au vu des textes contractuels et des documents, la consultation ci-jointe, sur laquelle nous avons l'honneur d'appeler toute votre attention. Nous avons la confiance qu'elle frappera votre esprit de jurisconsulte, et nous vous demandons de bien vouloir en soumettre les conclusions à Son Excellence et au Conseil des Secrétaires d'Etat.

Mais à côté de la question de droit que nous avions le devoir de poser et de définir, pour la sauvegarde des intérêts des actionnaires dont nous ne sommes que les représentants, nous nous permettons d'insister tout particulièrement sur la situation créée à la Banque par les dernières avances et sur les conséquences qui en résultent. Pour sortir de cette situation, nous serions tout disposés à chercher un terrain d'entente, d'accord avec vous.

Le solde de $ 780,000, au 30 septembre, joint aux autres

avances extra-statutaires, porte le chiffre total des avances faites à l'État par la Banque au chiffre de $ 1,100,000.

C'est afin de ne pas interrompre le service public et de donner au Gouvernement le concours le plus large et le plus étendu possible que notre Directeur a dépassé le chiffre de la mensualité, en août, et qu'il l'a plus que doublée en septembre, de telle sorte qu'au lieu de se solder en balance, la convention budgétaire présentait au 30 septembre un débit de $ 780,000.

Mais nous comptions rentrer dans cette avance très considérable à l'échéance même, ou peu de jours après. La lettre au nº 216, émanée de votre département en date du 18 août, nous rassurait complètement à cet égard, en affirmant que « quel que fût le solde au 30 septembre, il serait intégrale- « ment remboursé à échéance ».

Or, en fait, ce solde n'a pas été payé, et le Gouvernement ne nous a fait connaître ni les voies et moyens, ni les délais de cette liquidation.

Nous restons en présence d'un chiffre total d'avances de $ 1,100,000 qui excède à lui tout seul le capital versé à la Banque, et correspond à l'emploi de toutes nos disponibilités.

C'est à ce moment que le Gouvernement nous fait entrevoir encore l'éventualité de tirer sur nous pour $ 300,000, ce qui porterait à $ 1,400,000 le chiffre de notre découvert, alors que, d'après l'article 10, § 5, la compensation est de droit avec le crédit statutaire.

Comment nous serait-il possible, sans nuire au fonctionnement et au crédit de la Banque, sans encourir une grave responsabilité vis-à-vis de nos actionnaires, d'aller au delà de la limite actuelle, sans être rentrés dans une partie importante du découvert au 30 septembre? Se pourrait-il que les avances considérables faites par la Banque, en se fondant sur une promesse formelle de remboursement, fussent ainsi reconnues!

Nous ne pouvons le croire et nous pensons qu'il y a un malentendu que ces franches explications dissiperont. Nous saisissons l'occasion de protester contre tout parti pris, en ce qui concerne l'utilisation par l'État, et suivant ses convenances, du crédit statutaire; loin de contester l'inspiration patriotique qui vous a porté à vouloir faire de ce crédit la réserve pour cas imprévus du Gouvernement, nous ne pouvons que nous y associer et rechercher avec vous les moyens de lui conserver cette destination. Nous vous prions seulement de nous faciliter ce résultat dans la limite du possible et de notre contrat.

Nous terminons par la proposition suivante :

Les $ 780,000 étaient échues et exigibles au 30 septembre dernier. Néanmoins, nous ne demanderions pas à en être remboursés intégralement et immédiatement. Nous consentirions, moyennant termes et conditions, — à fixer — à attendre le remboursement de $ 350,000, montant d'une mensualité de l'ancienne convention budgétaire, ou à n'en être remboursés que par acomptes échelonnés. Mais nous vous demanderions de nous payer comptant la différence, soit $ 430,000, et nous tiendrions à votre disposition les $ 300,000 du crédit statutaire. Cet arrangement étant applicable au cas particulier, et sans novation aux dispositions générales du contrat constitutif, qui est le patrimoine des actionnaires.

Nous espérons que le Gouvernement appréciera l'esprit dans lequel nous lui proposons cette transaction. Notre direction est invitée, du reste, à examiner avec vous ou même de vous suggérer tout autre moyen de nature à conserver au Gouvernement la disponibilité d'une réserve de $ 300,000, soit sous la forme du crédit statutaire, soit de toute autre manière la plus avantageuse possible pour l'Etat.

Nous nous adressons à vous, Monsieur le Secrétaire d'Etat, avec d'autant plus de confiance que, ainsi que vous le disiez dans votre lettre du 18 août, la loi vous a armé des moyens suffisants pour nous rembourser; au surplus, votre expérience financière vous rendra cette tâche facile.

Nous avons l'honneur d'être, Monsieur le Secrétaire d'Etat, vos très dévoués et respectueux serviteurs.

Le Président
du Conseil d'Administration,

E. LEHIDEUX.

L'Administrateur délégué,
G. MONTFERRAND.

SECTION
de la
CORRESPONDANCE
MINISTÉRIELLE

N° 832.

Port-au-Prince, le 9 décembre 1893.

HYPPOLITE

PRÉSIDENT D'HAÏTI

Au Secrétaire d'Etat des Finances et du Commerce.

MONSIEUR LE SECRÉTAIRE D'ÉTAT,

Comme affaire intéressant votre Département, je vous communique, sous ce couvert, une lettre que m'a adressée le Conseil d'administration de la Banque Nationale d'Haïti à Paris.

Je vous réitère, Monsieur le Secrétaire d'État, les assurances de ma considération distinguée.

HYPPOLITE.

BANQUE NATIONALE
d'Haïti

Paris, le 21 novembre 1893.

*A Son Excellence Monsieur le Général Hyppolite,
Président de la République.*

MONSIEUR LE PRÉSIDENT,

Si nous prenons la liberté extrême de nous adresser respectueusement à Votre Excellence, c'est que nous connaissons les sentiments de haute et loyale impartialité et de patriotisme éclairé qui ont si fermement établi, à l'intérieur comme à l'extérieur, la réputation du Gouvernement du Président Hyppolite.

Nous avons eu, par le dernier courrier, la confirmation d'une dépêche nous annonçant que le Gouvernement avait proposé aux Chambres, un projet de nouvelle institution financière, comportant la concession d'un privilège d'émission de billets de banque en or. Nous ne pouvons qu'applaudir à l'idée patriotique qui a inspiré au Gouvernement le projet de créer un nouvel instrument de progrès économique et industriel dans le pays. Nous désirons, là-dessus, être très explicites ; car loin de nous la pensée de vouloir sur ce point, comme sur aucun autre, entraver l'action du Gouvernement !

Nous voudrions, seulement, en ce qui concerne le privilège d'émission des billets de banque, placer très respectueusement sous les yeux de Votre Excellence le texte des articles 9 et 13 du contrat-décret constitutif de la Banque :

« ART. 9. — La Banque a le *privilège exclusif* d'émettre « des billets au porteur, remboursables en espèces à présen- « tation, etc. »

« ART. 13. — Pendant toute la durée de la concession, le « Gouvernement ne pourra, etc...; ni autoriser aucune Ban- « que ni établissement à jouir de privilèges *semblables* à « ceux concédés à la Banque d'Haïti. »

Le privilège d'émission accordé à la Banque est conçu dans les termes les plus généraux. Les mots : *remboursables en espèces*, veulent évidemment dire aussi bien en *espèces d'or* qu'en *espèces d'argent*. Si l'article 9 n'a pas prévu les espèces d'*or* et d'*argent*, c'est qu'alors il ne circulait pas d'or américain en Haïti, les droits d'exportation étant payables en traites sur l'Étranger. Il n'en est pas moins constant que le mot *espèces*, pris d'une façon générale, embrasse aussi bien l'*or* que l'*argent*. Du reste le sens littéral de ce mot *espèces* est, pour ainsi dire, complété par l'esprit de l'article 13, qui stipule qu'il ne sera pas accordé de privilège *semblable* à ceux de la Banque d'Haïti. Or, le privilège d'émettre des billets remboursables *en or* est évidemment *semblable* à celui d'émettre des billets *en espèce*. Il est même compris dans ce dernier privilège, comme la partie dans le tout, et ne saurait en être distrait, pour être attribué à d'autres, sans le démembrer et l'annihiler pour moitié.

Nous ne doutons pas que, frappée par ces arguments, Votre Excellence ne condescende à faire examiner de nouveau la question et à épargner ainsi à nos actionnaires une mesure que nous, qui sommes leurs représentants, nous ne pourrions les empêcher de considérer comme une infraction, dommageable pour eux, à leur contrat.

Nous doutons d'autant moins, Monsieur le Président, de la décision de Votre Excellence sur ce point, que nous serions tout disposés, dans la mesure des besoins et des convenances du Commerce, à user de notre privilège d'émission pour les billets de banque *en or*, destinés à faciliter le paiement des droits à l'exportation. Nous n'avons jamais été, jusqu'à présent, sollicités de le faire, ni par le Gouvernement, ni par le Commerce. Aujourd'hui que la question se pose, pourrait-on nous dépouiller de cette faculté, sans nous avoir, même, mis en demeure de l'exercer, alors qu'elle rentre dans la sphère naturelle de nos attributions et de notre contrat. Votre Excellence ne le permettra pas.

Nous ferons aussi notre possible pour aider, sur d'autres points, à la réalisation des progrès qui sont à l'ordre du jour de votre Gouvernement.

Comme première preuve de cette disposition, nous venons de prendre une part pécuniaire importante dans l'entreprise du wharf de Jacmel, afin de faciliter le prochain achèvement de ces travaux, si utilement et si heureusement commencés.

Nous avons l'honneur d'être, avec le plus profond respect, Monsieur le Président, de Votre Excellence, les très humbles et très respectueux serviteurs.

Le Président du Conseil d'administration,

E. LEHIDEUX.

L'Administrateur délégué,

C. MONFERRAND.

Port-au-Prince, le 15 décembre 1893.

Au Directeur de la Banque Nationale d'Haïti,
             En Ville.

MONSIEUR LE DIRECTEUR,

Les nombreuses demandes de franchise que vous m'avez faites par vos deux lettres du 9 et celle du 12 m'ont porté à examiner plus scrupuleusement que je ne l'ai fait jusqu'ici l'article 20 du contrat-décret sur lequel se basent ces demandes, et il résulte de cet examen que, personnellement, le Directeur de la Banque n'a aucun droit à la franchise.

Voici comment s'exprime cet article 20 :

« La Banque et ses succursales seront entièrement « exemptes de toutes espèces de taxes et d'impôts, et il en « sera de même pour ses billets seulement. »

Veuillez bien noter que l'article dit : « La Banque ». Or, qui est-ce qui constitue la Banque ? Ce n'est pas, assurément, le Directeur seul. Ce n'est pas davantage le Directeur et son personnel. Et, si, pour faciliter le raisonnement, l'on pouvait admettre un instant que le Directeur et son personnel constituassent la Banque, il faudrait par voie de conséquence — et bien entendu dans l'hypothèse où l'article 20 s'applique au Directeur — faire jouir tout le personnel du bénéfice de la franchise. Il faudrait, *à fortiori*, que les Directeurs des succursales fussent affranchis de tous droits de douanes. Cette prétention de faire jouir de la franchise les Directeurs des succursales et le personnel de la Banque n'a jamais été heureusement affichée ; et elle ne serait d'ailleurs ni logique, ni sensée. Or, ce qui, dans l'espèce, ne se peut concevoir du personnel et des Directeurs des succursales, ne se conçoit pas non plus du Directeur de la Banque. Je suis ainsi amené à donner le véritable sens de cet article 20 dont la rédaction ambiguë — il faut bien le reconnaître — a contribué à perpétuer un état de choses auquel il n'est que temps de remédier. Par « la Banque », le législateur n'a pas entendu telle ou telle personne, mais la *Société anonyme*, *personne* collective, et, dans ce sens, il ne peut, il ne pouvait être question de franchise que pour les articles qui sont la *propriété propre, exclusive*, de la Banque Nationale, — tels que papeterie, mobilier, etc. D'ailleurs, l'article qui fait l'objet de ces explications se trouve — dans une meilleure rédaction, sans doute, mais cela ne change rien au fond — dans presque tous les contrats que le Gouvernement a passés, et jamais une partie contractante n'a songé à lui donner la signification et l'extension que lui donne la Banque et qui, si l'on n'y prenait garde, conduiraient tout droit à l'épuisement de nos droits de douanes. Sans doute, depuis la constitution de la Banque, ses Directeurs ont toujours obtenu leurs objets personnels en franchise. Mais j'ai suffisamment démontré que ce n'est pas là un droit, et que ce n'a pu être qu'une faveur spéciale qui, pour être très ancienne, n'a pas force de loi. Aujourd'hui, une telle faveur ne doit plus être faite, et quand on le voudrait, l'état des finances le permettrait-il ? Je pense que non, et, avec vous, je n'ai pas besoin d'insister sur ce point. Et la Banque, j'espère, s'associera à mon opinion avec d'autant plus de bonne grâce qu'elle a particulièrement intérêt à la prospérité de l'État haïtien, et qu'elle n'a jamais désiré rien tant que de voir le Gouvernement faire sans encombre les différents services publics avec les impôts intégralement perçus et un bon aménagement de ses finances.

Je conclus, Monsieur le Directeur, en vous annonçant que j'ai donné l'ordre d'affranchissement des articles à l'usage particulier de la Banque et de ses succursales, et en vous exprimant le regret de n'avoir pu étendre cet ordre aux objets qui vous sont personnels. J'ajoute que je n'ai pas non plus affranchi les articles qui seraient destinés à la succursale des Gonaïves, la vérification ayant révélé que ce sont des meubles de luxe et, dit-on, qui doivent servir au mariage du Directeur de cette succursale.

Agréez, Monsieur le Directeur, l'assurance de ma haute considération.

F. MARCELIN.

Port-au-Prince, le 6 janvier 1894.
Au Directeur de la Banque Nationale d'Haïti.

MONSIEUR LE DIRECTEUR,

De votre dépêche du 8 décembre 1893, renvoyée par le Conseil des Secrétaires d'État à mon département, je ne retiens pour le moment que le paragraphe suivant :

« La Chambre des députés, à l'occasion de la discussion des articles du projet des Banques [?] (1), ayant voté avant-hier à une grande majorité une nouvelle frappe de 1 million de gourdes, nous nous empressons, en nous basant pour cela sur l'article 12 de notre contrat constitutif qui dispose que :

« La Banque Nationale d'Haïti sera seule chargée de faire « frapper ces monnaies par la direction de la Monnaie, à « Paris. »

nous nous empressons, disons-nous, de vous informer que nous sommes prêts à transmettre à Paris la commande que le Gouvernement aura à nous faire de cette frappe que, seuls, conformément à l'article 12 précité, nous avons qualité d'exécuter. »

Puisque la Banque cite, la Banque doit citer intégrale-ment. — Or, l'article 12 s'exprime ainsi dans son texte intégral :

« ART. 12. — Le Gouvernement, pour favoriser les transac-tions tant dans la capitale que dans les provinces, s'engage à établir dans le pays une unité de monnaie nationale dont la création devra coïncider avec l'établissement de la Banque.

« La Banque sera seule chargée de faire frapper ces mon-naies par la direction de la Monnaie de Paris, conformément

____

(1) Voyez comme cette expression : « *Le projet des Banques !* » fait jubiler. En amendant ainsi, sous l'inspiration de quelques-uns de ses membres, le projet du Ministre des finances, la Chambre des députés avait-elle conscience du service qu'elle rendait à la Banque Nationale d'Haïti ?

au traité spécial passé avec M. le Ministre des finances, qui sera approuvé en même temps que les présentes par l'autorité compétente. »

Quand on réclame un privilège, il faut le réclamer avec toutes ses conséquences. — C'est conformément « à un traité spécial passé avec M. le Ministre des finances, qui sera approuvé en même temps que les présentes par l'autorité compétente », que vous avez la première frappe.

Que dit ce traité spécial ?

« 8 décembre 1880.

« Vu la loi monétaire du 24 septembre 1880, qui autorise « le Gouvernement à confier à la Banque Nationale la frappe « de la nouvelle monnaie nationale ;

« Entre Charles Laforestrie et M. Durieu.

« Article premier. — La Banque Nationale s'engage, etc.

« Art. 2. — Cette frappe sera exécutée *pour son* « *compte*, etc. »

Rigoureusement, vous devez réclamer le bénéfice, à votre profit exclusif, de toutes nos frappes monétaires. Votre argumentation nouvelle vous en donne le droit. Pourquoi, cependant, avez-vous toujours fait précisément le contraire ? Pourquoi vous contenter d'une commission purement conventionnelle de 5 0/0, quand un texte vous accorde le profit exclusif ?

Une observation en passant. Pouvez-vous, Monsieur le Directeur, administrer la preuve que, conformément au libellé formel de l'article 12, ce traité spécial dont il est question ait été approuvé par l'autorité compétente ? Cette loi du 8 décembre 1880 dont parle l'article 5 de vos statuts, deuxième alinéa, n'est-elle pas plutôt la convention de la même date dont le texte vous a été donné plus haut, texte qui, en visant la loi du 24 septembre 1880, commet une inexactitude manifeste, car nulle part cette loi n'a autorisé le Gouvernement à confier à la Banque Nationale la frappe de la nouvelle monnaie ? Si cette convention spéciale n'a donc jamais été approuvée par l'autorité compétente (et l'autorité compétente n'est que le Corps législatif), il est évident que le profit de cette première frappe peut être encore revendiqué par l'État...

Quoi qu'il en soit, et au surplus, aucun traité spécial, même signé par le Ministre des finances de l'époque et vos délégués autorisés, ne peut avoir l'autorité nécessaire pour vous laisser le monopole de notre frappe. C'est la loi du 24 septembre 1880 qui doit nous guider ici. Dans son article 1ᵉʳ, elle dit d'une façon générale « qu'il est créé une monnaie nationale du poids de 1 gramme, etc., etc. », et dans son article 8 elle dispose :

« ART. 8. — Le Gouvernement est autorisé à faire frapper les monnaies conformes à la présente loi à l'Hôtel des Monnaies, à Paris, par les SOINS de la Direction générale des Monnaies de France, sous condition des mêmes essais et contrôle que les monnaies françaises. »

J'attire votre attention spécialement sur cet article 8 et sur la date de cette loi.

Si, par le décret du 10 septembre 1880 et en vertu de l'article 12, la Banque a été chargée de la frappe de 2 millions de gourdes, c'est *parce qu'il fallait établir dans le pays une unité de monnaie nationale dont la création devait coïncider avec l'établissement de la Banque*. Et pourquoi fallait-il établir cette unité de monnaie nationale ? Tout simplement parce que, le capital nominal de la Banque étant de 2 millions de gourdes, il fallait que cette concession lui fût faite dès sa création, car ayant le privilège d'émettre des billets payables à présentation, elle ne pouvait rembourser ces billets qu'en espèces sonnantes ayant cours légal dans la République.

Mais le législateur a formellement réservé pour l'avenir le droit de l'État de faire de nouvelles frappes par l'intermédiaire de qui lui plairait. Il a pris toutes ses précautions à cette fin dans la loi du 24 septembre 1880. En effet, après avoir, dans l'article 8, autorisé le Gouvernement « à faire frapper les monnaies conformes à la présente loi à l'Hôtel des Monnaies de Paris, *par les soins de la Direction générale des Monnaies de France* », il déclare péremptoirement par son article 10 que « la présente loi *abroge toutes dispositions de lois et décrets monétaires antérieurs qui lui sont contraires* ».

Or, cette loi est du 24 septembre 1880, le décret constitutif de la Banque est du 10 septembre 1880. Il n'y a pas d'argumentation possible en face de ces deux dates qui établissent clairement la pensée formelle du législateur de réserver l'avenir.

J'ajoute que c'est en vertu de ce droit indéniable, si étrangement contesté aujourd'hui, que les Chambres législatives avaient voté en 1891 le principe d'une nouvelle frappe...

Veuillez agréer, Monsieur le Directeur, l'expression de mes salutations empressées.

F. MARCELIN.

AU CONSEIL DES SECRÉTAIRES D'ÉTAT.

Réponse à la Convention et au mémoire de la Banque.

Dans le projet de convention soumis par la Banque au Gouvernement, il est dit :

« 1º Le Conseil d'administration consent en principe à une
« augmentation du crédit statutaire et s'engage, après avoir
« obtenu la liquidation de la dette du 30 septembre 1893 et
« la solution de toutes les questions en litige, à proposer à
« la première Assemblée générale des actionnaires de la
« Banque Nationale d'Haïti et à lui demander la sanction de
« l'augmentation du crédit statutaire de $ 300,000 à $ 500,000
« aux conditions suivantes :

« Ce crédit statutaire sera régi par les dispositions des
« articles 17 et 18 du décret du 10 septembre 1880, qui seront
« toujours interprétés conformément à la consultation Devin,
« dont copie ci-jointe. »

Comment accepter de pareilles propositions sans violer l'interprétation déjà donnée par le Ministère des Finances,

— interprétation qui est logique — aux articles 17 et 18 du décret du 10 septembre 1880 ?

Il y a un fait avéré : c'est que les valeurs avancées par la Banque, au 30 septembre 1893, ne l'ont été qu'en exécution des dispositions du 4ᵉ paragraphe de l'article 18 du décret sus parlé, s'exprimant ainsi :

« Si la Banque trouvait opportun d'augmenter le chiffre de « ses avances et de prolonger le terme des échéances, ces « conditions nouvelles seraient l'objet d'une convention « spéciale entre l'État et la Banque. »

Le fait est tellement absolu, que quand ces avances ont été faites, le Gouvernement n'avait pas encore remboursé le prêt statutaire ; de plus, les sommes dues en ce moment à l'établissement financier ne rapportent pas à la Banque 7 1/2 0/0 l'an commission comprise comme il est de rigueur pour les 300,000 du prêt statutaire.

Ne sont-elles pas remboursables dans des conditions autres que celles prévues pour le crédit statutaire ?

Si oui, le Gouvernement a la libre disposition en ce moment de ce crédit ;

Si non (c'est-à dire si les avances ont été faites dans les conditions du prêt statutaire), le Gouvernement n'est autorisé à payer que 7 1/2 0/0 l'an et à ne les rembourser que lorsqu'il le jugera nécessaire.

Si le Gouvernement, comme le pense la Banque, acceptait ces propositions dérisoires, non seulement il permettrait la consommation d'une illégalité, mais encore il se ferait une situation des plus difficiles en consentant de placer au-dessus des décisions légales qu'il a déjà prises, la volonté de la Banque se reposant sur la consultation Devin, consultation qui ne peut et ne saurait avoir aucun caractère juridique en face de l'article 23 du décret du 19 septembre 1880.

Au reste, si le Gouvernement n'avait pas remboursé le prêt statutaire, n'aurait-il pas en ce moment à sa disposition les $ 300,000 qui ont servi à ce remboursement et ne serait-il pas toujours débiteur de la Banque au 30 septembre 1893 ?

« 2° Par contre, le Gouvernement d'Haïti se trouvant « d'accord avec la Banque sur tous les points qui font l'objet « de la lettre que celle-ci a eu l'honneur d'adresser. . . . « . . . . Il ne sanctionnera aucune loi

« autorisant l'établissement de nouvelles Banques. . . .
« . . . . en vertu du décret de l'Assemblée
« Nationale d'Haïti du 10 septembre 1880. »

On dirait que la Banque, après avoir accordé de *grands avantages* au Gouvernement par le premier article de son projet de convention que nous avons analysé plus haut, semble lui demander une concession en lui disant de prendre l'engagement de ne sanctionner aucune loi autorisant l'établissement de nouvelles Banques qui, par ces dispositions pourraient porter atteinte au caractère de Banque d'État et autres privilèges qui sont acquis à la Banque Nationale d'Haïti ?

Où sont les prétendus avantages accordés par la Banque au Gouvernement quand les nouvelles propositions qu'elle présente sont encore plus onéreuses pour le Gouvernement et le pays que celles du décret du 10 septembre qu'elles tendent à modifier?

La Banque prétend qu'elle est une Banque d'État. Elle se trompe et oublie la différence sensible qu'il y a entre une *Banque Nationale* et une *Banque d'État*.

Une Banque d'État, dans toutes ses opérations, relève de l'autorité publique; c'est le crédit par l'État préconisé par l'école socialiste et donné à tous sous forme d'émission, c'est – la Banque Nationale d'Haïti le sait — c'est une fabrique à papier-monnaie. Telles sont les Banques de Russie, de la République Argentine, etc.

Tandis qu'une Banque Nationale est une institution dirigée par un groupe de capitalistes ayant certains privilèges réglementés par des lois spéciales. Telle la Banque Nationale d'Haïti qui a certains privilèges réglementés par le décret du 10 septembre 1880 et d'autres lois spéciales.

A part les explications qui viennent d'être données concernant le deuxième article du projet de convention, il y a à demander à la Banque dans quel but elle veut imposer sa volonté au Gouvernement quand elle entend qu'il prenne l'engagement de ne sanctionner aucune loi autorisant l'établissement de nouvelles Banques. Le décret du 10 septembre 1880, en son article 13, ne limite-t-il pas déjà les droits du Gouvernement à cet égard? Quand et à quelle époque le Gouvernement a-t-il proposé de violer les dispositions du texte de l'article 13 ? Il a été déjà prouvé que le projet présenté l'année dernière demandant l'établissement d'une nouvelle Banque ne viole en rien le décret du 10 septembre 1880. L'interprétation donnée par la Banque à l'article 9 du contrat a été longuement discutée. Seule, elle a le privilège d'émettre des billets remboursables en monnaies nationales d'après cet article; mais elle n'a nullement le droit et le privilège d'émettre des billets remboursables en or américain.

« 3° La Banque Nationale ayant informé le Gouvernement « qu'elle considère le moment opportun pour faire usage de « son privilège d'émettre des Billets de Banque au porteur « remboursables en or américain.   .   .   .   .   .   .   »

Ce troisième article du projet de la Banque se repose d'après elle sur le texte de l'article 9 du décret du 10 septembre 1880.

La meilleure façon de réfuter cette prétention *tardive* de la Banque, c'est de lui mettre sous les yeux les articles 9 et 11 du décret du 10 septembre 1880 et l'article 1er de celui du 30 septembre 1881.

Ces articles s'expriment ainsi :

« ART. 9. — La Banque a le privilège exclusif d'émettre des « billets au porteur, remboursables en espèces à présenta- « tion. Ce remboursement ne pourra être demandé qu'à « l'établissement de Port-au-Prince ou de ses succursales à « Haïti, s'il en est créé.   .   .   .   .   .   .

« ART. 11. — Le montant des billets en circulation ne « pourra, en aucun cas, excéder le triple de l'encaisse métal- « lique.

« Ces billets pourront être émis en coupures de *10 gourdes,* « *20 gourdes, 100 gourdes* et *200 gourdes.*   .   .   .   .

ARTICLE PREMIER du décret du 30 septembre 1881 :

« L'article 11 du décret du 10 septembre 1880 est modifié « comme suit :

« Le montant des billets en circulation ne pourra, en
« aucun cas, excéder le triple de l'encaisse métallique.

« Ces billets pourront être émis en coupures de *cinq*
« *gourdes, dix gourdes, vingt gourdes, cent gourdes*, et
« *deux cents gourdes*. . . . .
. . . .

Ces divers articles combinés ne disent-ils pas clairement
que les billets émis ou à émettre par la Banque ne peuvent
être remboursables qu'en monnaie nationale ? Où est-il dit
que la Banque peut émettre des billets remboursables en or?
Où est-il dit que les coupures de ces billets peuvent être de
5 dollars, 20 dollars, etc., etc. N'est-ce pas parce que la nouvelle Banque doit avoir le privilège d'émettre des billets
remboursables en or américain que la Banque Nationale
d'Haïti, qui tient à avoir le monopole de toutes les opérations
financières de notre pays, propose aujourd'hui d'émettre des
billets remboursables en or et réclame ce privilège comme
étant autorisée par le décret du 10 septembre 1880 ?

Et du reste, d'après l'article 12 du décret du 10 septembre 1880, il ressort avec évidence que, le Gouvernement s'en-
gageant à démonétiser dans le délai d'un an toutes les monnaies nationales en cours, cette unité de monnaie nationale,
que nous avons actuellement, n'était faite que dans le but de
faciliter le remboursement des billets émis par la Banque.

Comment la Banque pourrait-elle rembourser ses billets,
en prenant pour base la proportion déterminée par le premier paragraphe de l'article 11, proportion admise dans
toutes les Banques du monde (le montant des billets en circulation ne pourra en aucun cas excéder le triple de l'encaisse
métallique), si elle n'avait pas son capital de 10 millions de
francs représenté par les 2 millions de gourdes frappées par
elle en vertu du deuxième paragraphe de la loi du 24 septembre 1880 ?

Ces 10 millions de francs calculés à 5 francs pour une
gourde représentent juste le capital de la Banque. Ces précautions, il me semble, ont été prises en raison que notre
circulation monétaire n'est pas en *francs*. Notre gourde haïtienne et ses subdivisions sont, on le remarquera, du même
poids, du même titre que les monnaies françaises. Si ces
précautions n'avaient pas été prises, le capital de la Banque

prévu par le décret (soit 10 millions de francs) et son encaisse en une monnaie qui ne serait pas émise dans les mêmes conditions que les monnaies françaises, constitueraient une véritable anomalie. Car on n'a jamais vu, dans aucun pays de la terre, une Banque avoir le droit d'émettre des billets remboursables en une monnaie autre que celle formant son encaisse.

La Banque de France émet-elle ou peut elle émettre des billets au porteur remboursables à vue en *marcs*, par exemple, ou en *livres sterling* ? Non.

La Banque de Londres, qui est une Banque d'État, celle-là, peut-elle émettre des coupures au porteur remboursables à vue en *francs*, ou en *florins*, ou en en *roubles* ? Non.

Si ces faits sont indéniables, comment la Banque Nationale d'Haïti, qui ne peut servir de modèle aux autres institutions de crédit, peut-elle avoir des prétentions si exorbitantes et si illogiques ?

Le législateur de 1880 a voulu établir une différence tellement grande entre espèces nationales et espèces étrangères, qu'il fait aux monnaies étrangères ayant cours dans la République une situation exceptionnelle par le dernier paragraphe de l'article 12 ainsi conçu :

« ART. 12. — Quant à la circulation des monnaies étran-
« gères dans la République, un règlement spécial d'adminis-
« tration publique sera émis dès l'installation de la Banque
« et après entente préalable avec elle par M. le ministre des
« finances. »

Devant tous ces faits, comment le Gouvernement pourrait-il, sans violer le décret constitutif de la Banque, accorder à cette institution le nouveau privilège d'émettre des billets en or américain ?

Pourquoi la Banque n'invoque-t-elle pas le droit d'émettre des billets remboursables en *Francs* ? Ce ne serait pas en harmonie avec les dispositions des articles 11 du décret de 1880 et 1er de celui de 1881, mais ce serait au moins non pas plus logique, mais plus vraisemblable, en tenant compte de la dénomination de son capital, que la proposition qu'elle présente aujourd'hui.

Le droit qu'elle réclame d'émettre des billets remboursables en or américain, sans une loi spéciale, est plus qu'une mauvaise interprétation du texte de 1880 : c'est un *illogisme.*

Si la nouvelle Banque était acceptée par le Corps législatif, elle pourrait, elle, émettre des billets remboursables en or américain, par la raison bien simple que son capital serait en or américain.

Que le Gouvernement veuille accorder ce nouveau privilège à la Banque Nationale d'Haïti, il n'a qu'une chose à faire : c'est de demander au Corps Législatif le vote d'une loi pour cette autorisation. En dehors de cette voie, on marche droit à la violation du contrat de 1880.

« 4° Par contre la Banque accorde à l'État à partir du « 1ᵉʳ février 1894 un intérêt de 5 % l'an sur le solde crédi- « teur à la fin de chaque mois du compte *recettes paie-* « *ments en or* ».

Que signifie cette clause, quel est son but ? C'est une parodie d'un article de la nouvelle Banque.

Mais elle est dérisoire cette clause, en ce sens que la Banque d'Haïti exige du Gouvernement 18 % l'an sur les sommes qu'il lui doit au 30 septembre 1893, et elle trouve qu'elle fait une faveur au Trésor public en lui accordant 5 % sur les sommes qui pourront constituer à la fin de chaque mois son solde créditeur !

Les articles 5 et 6 du projet de convention ne méritent pas qu'on s'en occupe. Déjà il a été prouvé à la Banque que les commissions qu'elle perçoit sur les recettes et les dépenses ne lui sont accordées que pour faire face à tous nos frais de trésorerie.

Pour répondre à l'article 7 du projet de convention, il n'y a qu'à mettre sous les yeux de la Banque, pour la convaincre de l'inanité de ses prétentions, l'article 20 du décret du 10 septembre 1880 qu'elle invoque à sa fantaisie.

Que dit l'article 20 ?

Il s'exprime ainsi :

« La Banque et ses succursales seront entièrement

« exemptes de toutes espèces de taxes et d'impôts, et il en
« sera de même pour ses billets seulement. »

Il ressort des termes de cet article que c'est l'Institution,
en tant que personne civile, qui est exempte de tous impôts
et non pas les employés étrangers appartenant à la Banque.
Les commis étrangers étant astreints à payer un impôt
communal, les employés de la Banque, étant assimilés aux
commis étrangers et n'étant en fait que des commis étrangers, ne peuvent se soustraire à la volonté de nos lois fis-
cales. Aucune clause du contrat de 1880, aucune loi subsé-
quente n'autorise et ne soutient l'argumentation produite
dans ce sens par le Directeur de la Banque. Que la Banque
paie l'impôt pour les employés sous ses ordres, que les
contrats passés avec ces employés laissent à sa charge l'impôt communal, c'est là l'affaire de la Banque — c'est une
question de son administration intérieure dans laquelle le
Gouvernement n'a pas à s'immiscer. Il nous semble, au
contraire, qu'il est du devoir du Gouvernement d'inviter
sans retard toutes les administrations communales de la
République à appliquer aux agents étrangers de la Banque
les dispositions formelles de la loi de 1876 sur les impositions
directes.

Le mémoire rédigé par la Banque et présenté au Président
d'Haïti sous la date du 9 février dernier n'est que le développement du projet de convention qui vient d'être analysé.
Les termes dans lesquels ce mémoire a été formulé et certaines expressions de la convention qu'il faut s'abstenir de
qualifier, justifieraient, au besoin, une demande de rappel
du directeur de cette institution. Placer la personnalité du
chef de cet établissement à la hauteur de celle du premier
fonctionnaire du département des finances est un non sens ;
car il n'est pas nécessaire d'établir ici que le Directeur de la
Banque, en ce qui concerne ses rapports avec le Gouvernement haïtien, est un fonctionnaire relevant directement du
Ministre des finances.

En vérité, on dirait que la Banque oublie que depuis
douze années le pays vainement réclame d'elle certaines
concessions. Ces concessions réclamées se sont affirmées
plusieurs fois dans des document officiels. Le Ministre des
finances a essayé de s'inspirer et de l'opinion publique et de

l'opinion de l'Assemblée Nationale hautement manifestées il y a quelques mois. Mais les rôles sont apparemment changés : la Banque exige aujourd'hui de nouveaux privilèges et elle veut qu'un acte en bonne et due forme consacre ces privilèges et ferme à tout jamais au pays la possibilité d'aucune interprétation même d'un texte en notre faveur !

On ne peut contester qu'il soit urgent de liquider la créance de cet établissement au prix des plus grands sacrifices. Mais aucun Ministre des finances ne souscrira aux prétentions de la Banque. Elle n'a pas à dicter des conditions ; elle n'a qu'à remplir son rôle d'une façon vraiment nationale pour se rendre inébranlable et forte.

Il ne faut pas oublier, au reste, que, depuis douze ans qu'elle existe, c'est la première fois qu'elle fait mine de s'intéresser quelque peu à l'avenir du pays. C'est l'attitude prise vis-à-vis d'elle qui l'a tirée de son détachement égoïste.

Elle veut se garder dans l'avenir contre pareille éventualité : elle demande donc au Gouvernement d'assurer le calme de ses vieux jours. C'est le but du Mémoire et de la Convention.

F. MARCELIN.

Port-au-Prince, le 26 mai 1894.

Rapport au Conseil des Secrétaires d'État.

MONSIEUR LE PRÉSIDENT,

MESSIEURS LES SECRÉTAIRES D'ÉTAT,

Il faut relire avec attention la lettre du 29 janvier 1894 adressée au Président de la République par le Directeur de la Banque Nationale d'Haïti, parlant au nom du Conseil d'administration.

Ce document officiel établit nettement et sans ambages possibles les conditions dans lesquelles l'augmentation du prêt statutaire a été offerte au Gouvernement.

La Banque déclare qu'elle est impressionnée par la présentation aux Chambres d'un projet de loi pour la création d'une nouvelle Banque; toutefois, grâce aux instances et aux pressantes recommandations du Directeur, le Siège social le met aujourd'hui en mesure d'annoncer à S. Exc. le Président de la République qu'il se fera un grand plaisir de donner satisfaction au désir formulé par elle en proposant à l'Assemblée générale des actionnaires une augmentation de $ 200,000 sur le prêt statutaire, — dans la conviction, ajoute-t-elle textuellement, que cette concession contribuerait puissamment à une entente sur toutes les questions actuellement en litige et maintiendrait pour l'avenir la bonne intelligence si désirable entre le Gouvernement et la Banque.

Il n'y a là aucune restriction; c'est une conviction morale, assurément bien justifiée, qui anime la Banque. Dans sa pensée, cette concession doit contribuer à l'entente et doit la maintenir dans l'avenir. Il va donc de soi, pour que ces heureux résultats soient obtenus, qu'il faut commencer par nous mettre en possession de ladite concession.

Mais la Banque ne subordonnait-elle pas cette concession à une condition quelconque?

Oui, il y en avait une, une seule et elle était formulée ainsi :

« Mais avant de pouvoir nous autoriser à négocier avec le Gouvernement sur cette base, notre Conseil d'administration demande le remboursement effectif du solde de $ 780,653.18. »

Or, cette seule condition mise par la Banque à la présentation à l'Assemblée des actionnaires de l'augmentation du prêt statutaire a été exécutée par le Gouvernement. Par une convention signée avec la Banque, il a liquidé, à la satisfaction de celle-ci, le solde dû au 30 septembre.

Il s'est exécuté; la Banque ne s'est pas encore exécutée. Dans un paragraphe de sa lettre, elle demandait de « lui faciliter sa tâche en lui donnant les moyens d'arriver à l'entente nécessaire pour la conclusion de la convention concernant l'augmentation du crédit statutaire, conformément aux désirs de Votre Excellence. »

Ces moyens qu'elle demandait, et qui étaient la liquidation du solde dû au 30 septembre, lui ont été donnés par le Gouvernement. Et pourtant, jusqu'à présent, la convention concernant l'augmentation du prêt statutaire n'est pas conclue. Pour tout esprit impartial, cette convention ne pouvait être qu'un contrat synallagmatique concernant exclusivement une augmentation de $ 200,000, dans les mêmes conditions que le contrat de la Banque a réglé le prêt primitif de $ 300,000. Entre le Gouvernement et la Banque, il serait entendu que l'augmentation ayant été votée par l'Assemblée générale des actionnaires, le Gouvernement demanderait alors, mais alors seulement, aux Chambres la sanction de la modification suivante :

« Le dernier alinéa de l'article 17 du décret constitutif de la Banque Nationale d'Haïti est ainsi modifié :

« Ce crédit pourra s'élever à la somme de 500,000 gourdes.»

Est-ce ainsi que la Banque l'entend? Il paraît que non. Le règlement du solde du 30 septembre obtenu, propose-t-elle l'augmentation du prêt statutaire à l'Assemblée générale des actionnaires? C'est une autre histoire et elle demande que le Gouvernement — il ne s'agit plus de signer une convention simplement pour l'augmentation des $ 200,000 — lui fasse voter une loi qui lui assure de nouveaux avantages, de nouveaux bénéfices et qui transforme le prêt statutaire de monnaie nationale qu'il était en monnaie d'or !

Le simple énoncé de ces propositions suffirait pour ne pas même les admettre à discussion, car il est un fait sur lequel tout le monde est d'accord, c'est que la Banque doit faire au pays quelques concessions. Ce n'est donc pas à nous à lui en accorder de nouvelles et, par une interprétation législative de son contrat, nous lier plus solidement que nous ne l'étions avant.

La Banque commence par demander une confirmation et application de tous ses privilèges et notamment des articles 9, 12 et 13 de son contrat, articles, dit-elle, interprétés d'un commun accord.

L'article 9 a trait au privilège exclusif d'émission de billets au porteur; l'article 12 a trait au privilège exclusif de la frappe (que la Banque réclame maintenant); l'article 13

concerne la protection due contre toute entreprise qui pourrait porter atteinte aux droits résultant de la concession.

Contre cette confirmation et application, elle s'engage à
demander à la prochaine assemblée des actionnaires l'augmentation du prêt statutaire, et si cette augmentation a lieu,
elle sera mise à la disposition du Gouvernement. En attendant,
le Gouvernement s'oblige, dès l'ouverture des Chambres, à
obtenir une loi sanctionnant la convention. Ainsi, contre un
engagement absolument aléatoire du Conseil d'administration, puisque le vote ne dépend pas de lui, le Gouvernement
fera voter une loi qui donnera de nouveaux et assurés avantages à la Banque.

D'abord, il lui concède (en dépit du contrat constitutif) le
privilège exclusif de la frappe ; il consent, au cas où l'augmentation du prêt statutaire serait votée, à ce que les
$ 500,000 soient converties en or, — ce qui constitue une
aggravation du contrat primitif. Ce n'est pas tout. La Banque
arrive ici à faire la plus complète confusion entre les articles
17 et 18 du contrat. En effet, l'article 17 parle de la reddition
du compte recettes et paiements qui se fera tous les mois. La
Banque, elle, entend que désormais le crédit statutaire qui,
d'après l'article 18, devait être réglé et balancé tous les quatre mois, — après que des reconnaissances à 120 jours de la
date de leur création auraient été délivrées — la Banque
entend désormais que ce compte soit arrêté à la fin de chaque
mois. Et elle ajoute textuellement :

« La Banque est autorisée à se délivrer, pour compte du
Gouvernement, à la fin de chaque mois, pour ces soldes dus
jusqu'à concurrence de ces 500,000, les reconnaissances prévues à 120 jours de la date de leur création (art. 18). »

C'est illogique. Si le compte doit être balancé tous les mois,
il ne saurait être délivré que des reconnaissances à 30 jours,
puisque le solde d'un mois est reporté sur le mois suivant.
L'article 18 disait avec plus de logique :

« L'État délivrera à la Banque, jusqu'à concurrence des
sommes dont il sera débiteur envers elle, des reconnaissances à 120 jours de la date de leur création. Le compte
spécial des avances de la Banque sera réglé et balancé sous
es quatre mois (soit 120 jours aussi). »

Quant à cette prétention d'émettre des billets en or américain, elle est inadmissible. Ce serait un privilège nouveau concédé à la Banque qui n'en ferait pas plus usage qu'elle n'en fait de son privilège d'émission remboursable en monnaie nationale. La Banque a beau parler de son privilège exclusif d'émission, elle sait bien qu'elle n'a pas le privilège des billets remboursables en or américain.

Pour la convaincre, on n'a qu'à lui mettre sous les yeux les articles 9 et 11 du décret du 10 septembre 1880 et l'article premier de celui du 30 septembre 1881.

« ART. 9 — La Banque a le privilège exclusif d'émettre des billets au porteur, remboursables en espèces à présentation. Ce remboursement ne pourra être demandé qu'à l'établissement de Port-au-Prince ou de ses succursales à Haïti, s'il en est créé. »

« ART. 11 — Le montant des billets en circulation ne pourra, en aucun cas, excéder le triple de l'encaisse métallique. Ces billets pourront être émis en coupures de 10 gourdes, 20 gourdes, 100 gourdes et 200 gourdes. »

L'unité de monnaie nationale qui a été faite n'a eu pour but que de faciliter le remboursement des billets émis par la Banque. Il est à remarquer que les 2 millions de gourdes frappées par elle en vertu du deuxième paragraphe de la loi du 24 septembre 1880 représentent juste le capital de la Banque, soit 10 millions de francs à 5 francs pour une gourde, la gourde haïtienne et ses subdivisions étant du même poids et du même titre que les monnaies françaises.

Article 1er du décret du 30 septembre 1881 :

« L'article 11 du décret du 10 septembre 1880 est modifié comme suit :

« Le montant des billets en circulation ne pourra en aucun cas, excéder le triple de l'encaisse métallique. Ces billets pourront être émis en coupures de 5 gourdes, 10 gourdes, 20 gourdes, 100 gourdes et 200 gourdes. »

Il n'est dit nulle part que la Banque peut émettre des billets remboursables en or, ni que les coupures de ces billets peuvent être de 5 dollars, 20 dollars, etc., etc.

Ce serait la première fois qu'on aurait vu une Banque émettre des billets en une monnaie autre que celle formant son encaisse. Son encaisse est bien notre gourde métallique et elle prend soin de dire que le remboursement de ses billets ne peut être demandé qu'à l'établissement de Port-au-Prince ou de ses succursales en Haïti.

Il faut donc une disposition législative pour octroyer à la Banque l'émission des billets remboursables en or. Et c'est ce qu'elle veut présentement obtenir du Gouvernement.

Je conclus que la Banque, n'ayant jamais fait mention de ces exigences dans la lettre du 29 janvier 1894, n'ayant jamais mis qu'une condition à l'augmentation du prêt statutaire : la liquidation du solde dû au 30 septembre 1893, doit tenir son engagement vis-à-vis de l'Etat qui a satisfait à la condition posée par elle.

L'augmentation du prêt statutaire ayant été, dit la Banque, personnellement offerte au Président de la République, son Conseil d'administration ne peut, sur l'invitation de Son Excellence, s'abstenir de proposer à l'Assemblée générale des actionnaires la susdite augmentation.

F. MARCELIN.

<table>
<tr><td>

ADMINISTRATION
des
MONNAIES ET MÉDAILLES
—
N° 1001
—

</td><td>

Paris, le 19 mai 1894.

</td></tr>
</table>

MONSIEUR LE MINISTRE,

Vous m'avez demandé par lettre du 4 mai courant de vous indiquer la dépense qui résulterait de la fabrication de 150,000 gourdes en monnaies de bronze, réparties par moitié dans les coupures de 2 centièmes et de 1 centième de gourde.

J'ai l'honneur de vous faire connaître que cette dépense comprendra trois éléments :

1° Les frais d'achat des métaux nécessaires à l'alliage (le montant de ces frais varie avec le cours) ;

2° Les frais de fabrication dont le tarif par kilogramme est fixe, mais à l'égard desquels la prévision de dépense, établie d'après le poids droit des pièces, peut se trouver modifiée dans des limites restreintes par l'effet des tolérances de poids ;

3° Les frais d'ensachement et d'emballage qui sont invariables.

I. (Frais d'achat des métaux.)

D'après le prix courant légal le plus récent (12 mai courant), les frais d'achat de 100 kilogrammes d'alliage seraient ainsi décomptés :

```
95  kilos de cuivre à 110 pour 100 kil........Fr.   104.50
 4   —    d'étain à 205 pour 100 kil.........Fr.     8.20
 1   --   de zinc à 42.50 pour 100 kil......Fr.      0.43
                                                   ________
        Soit par 100 kil. d'alliage..........Fr.   113.13
```

En admettant que les pièces fussent fabriquées au poids droit et au titre droit, les 75,000 kilos d'alliage nécessaires pour la frappe de l'ensemble des deux coupures reviendraient à 84,847 fr. 50.

II. (Frais de fabrication.)

Le taux de ces frais par kilos de pièces frappées est de 0 fr. 92 pour les pièces de 2 centièmes et de 1 fr. 32 pour celles de 1 centième.

La dépense serait donc la suivante :

```
Pour les 37,500 kilos en pièces de 2 cen-
    tièmes...............................Fr.   34.500
Pour les 37,500 kilos en pièces de 1 cen-
    tième................................Fr.   49.500
                                             ________
    Et pour l'ensemble des 75,000 kilos..Fr.   84.000
```

III. (Frais d'ensachement et d'emballage.)

Chaque sac contenant 5 kilog. de monnaies et chaque caisse 50 kilos, la fabrication dont il s'agit nécessitera l'emploi de 15,000 sacs et de 1,500 caisses. A raison de 0 fr. 10 par sac et de 3 fr. 50 par caisse, la dépense s'élèverait :

Pour l'ensachement à.....................Fr. 1.500
Et pour l'emballage à.....................Fr. 5.250

      TOTAL ....Fr. 6.750

En récapitulant les trois natures de dépenses :

1° Frais d'achat de métaux..........Fr. 84.847.50
2° Frais de fabrication..............Fr. 84.000 »
3° Frais d'ensachement et d'emballage.Fr. 6.740 »

  On obtient un total de...........Fr. 175.597.50

qui représente l'évaluation du montant de la dépense, sous les réserves ci-dessus énoncées (variation du cours et tolérance de poids et de titre).

Vous remarquerez, Monsieur le Ministre, que les frais de transport des monnaies ne sont pas compris dans ce total : l'Administration n'en connaît pas le tarif ; elle ne peut pas se charger des expéditions...

La Société anonyme des Fonderies et Laminoirs de Biache-Saint-Vaast, dont le siège est à Paris, 28, rue Saint-Paul, m'a récemment informé qu'elle est chargée de la fourniture, pour le compte de votre Gouvernement, des flans destinés à la frappe des monnaies de bronze qui font l'objet de cette présente lettre : cette frappe se ferait, bien entendu, à l'hôtel des Monnaies de Paris. Je vous serais obligé, Monsieur le Ministre, de vouloir bien me confirmer cette indication.

Veuillez agréer, Monsieur le Ministre, l'assurance de ma haute considération.

      Le Directeur des Monnaies,

       A. DE FOVILLE.

ADMINISTRATION
des
MONNAIES ET MÉDAILLES

Secrétariat

N° d'ordre 208

OBJET :
Monnaies haïtiennes

Renseignements
relatifs
aux frais de fabrication
de 1.500.000 gourdes
en pièces d'argent

Paris, le 6 février 1894.

MONSIEUR LE MINISTRE,

J'ai l'honneur de vous transmettre, conformément aux indications de la note que vous avez bien voulu me remettre le 29 janvier dernier, une évaluation de la dépense qu'entraînerait la fabrication de 1,500,0000 gourdes en pièces de 1 gourde et en pièces divisionnaires.

L'Administration ne fournissant pas les métaux précieux nécessaires aux fabrications qui lui sont confiées, et le prix de l'argent étant instable en raison des fluctuations du cours, je ne puis vous donner qu'à titre de simple indication l'évaluation qui concerne l'achat du métal à fournir pour la fabrication dont il s'agit ; mais les frais de fabrication doivent être considérés comme exacts ; ils sont, d'ailleurs, conformes à ceux qui ont été appliqués aux fabrications antérieures exécutées par l'Administration pour le compte de votre Gouvernement.

D'après le cours moyen du 1er février 1894, que mentionne le *Journal Officiel* du lendemain sous la rubrique : « Matières d'or, d'argent, etc... », le kilogramme d'argent fin en lingots coûterait actuellement 112 fr. 60 environ ; les prix qui en résulteraient pour un kilogramme de monnaies d'argent des diverses coupures, et en tenant compte de la différence de titre (900 millièmes pour les gourdes, 835 millièmes pour les pièces divisionnaires), sont donnés par le tableau suivant :

Désignation des coupures.	Titre des pièces.	Valeur approx. de l'argent contenu dans 1 kil. de monnaies.	Taux des frais de fabrication par kilogramme de pièces frapp.	Prix approxim. du kilogramme de monnaies.
10 cent.	835 mill.	94 fr. »	2 fr. 85	96 fr. 85
20 —	835 —	94 — »	2 — 20	96 — 20
50 —	835 —	94 — »	1 — 75	95 — 75
1 gourd.	900 —	101 — 35	1 — 50	102 — 85

Le poids droit de un million de gourdes étant de 25,000 kilogrammes, la fabrication de monnaies ayant cette valeur nominale coûterait :

En pièces de 10 centièmes de gourde : 2,421,250 francs environ, et en pièces de 20 centièmes de gourde : 2,405,000 francs environ.

De même la fabrication de 500,000 en pièces de 50 centimes reviendrait à 1,196,875 francs environ et en pièces de une gourde à 1,285,625 francs environ ; toutefois, à ces nombres, il conviendrait d'ajouter les frais d'ensachement, d'emballage et d'expédition des monnaies.

L'Administration pourrait se charger de l'ensachement à raison de 0 fr. 10 par sac renfermant 5 kilos de monnaies et de l'emballage, à raison de 7 francs ou de 3 fr. 50 par caisse de 50 kilos de monnaies, suivant que cette caisse serait, ou non, garnie de zinc intérieurement ; ces prix comprennent tous les menus frais de manutention. Il en résulte que l'ensachement et l'emballage de l'ensemble de la fabrication (1,500,000 gourdes) exigeraient un complément de dépense de :

750 francs pour l'ensachement, et de 5,250 francs ou de 2,625 francs pour l'emballage, suivant le genre de caisse qui serait choisi ; ces sommes seraient indépendantes de la répartition du contingent dans les diverses coupures.

Quant aux frais de transport, l'Administration des Monnaies n'est en mesure de vous donner aucune évaluation à cet égard.

Veuillez agréer, Monsieur le Ministre, l'assurance de ma haute considération.

Le Directeur des Monnaies,

A. DE FOVILLE (1).

Port-au-Prince, le 31 mai 1894.

A Monsieur le Directeur de la Banque Nationale d'Haïti.

MONSIEUR LE DIRECTEUR,

En réponse à la lettre au n° 335 que vous avez adressée le 14 mai à S. Exc. le Président d'Haïti, en son Conseil des Secrétaires d'Etat, je suis chargé de vous annoncer, au nom du Conseil, que votre projet de contrat, qui accompagnait ladite lettre, n'a pas eu son approbation.

Le Conseil a décidé que vous devez vous renfermer dans les termes de votre dépêche du 29 janvier 1894 adressée à S. Exc. le Président d'Haïti en son Conseil des Secrétaires d'État. Par cette dépêche, l'augmentation du prêt statutaire était offerte sous la seule condition de la liquidation du solde dû à la Banque le 30 septembre dernier. Le Gouvernement s'est exécuté ; à la Banque à le faire, à son tour, en proposant à l'Assemblée générale des actionnaires l'augmentation du prêt statutaire.

Agréez, Monsieur le Directeur, l'assurance de ma considération distinguée :

F. MARCELIN.

---

(1) Sur la demande du Département des Finances et pour le contrôle de la frappe, notre Légation à Paris s'était adressée à l'Administration des Monnaies qui lui transmit ces renseignements.

Port-au-Prince, le 7 juin 1894.

Le Secrétaire d'État des Finances et du Commerce,
au Directeur de la Banque Nationale d'Haïti.

Monsieur le Directeur,

Par ma lettre du 22 de l'expiré, je relevais l'erreur que vous aviez commise dans la situation imprimée de la Banque Nationale au 31 décembre 1893, à propos de la loi sur le prêt de $ 500,000 *(cinq cent mille gourdes)* fait à la caisse de la substitution, et je vous laissais entrevoir que je vous signalerais encore quelques autres erreurs.

En attendant, et dans le but de prévenir des difficultés préjudiciables aux intérêts de la nation que, par des commentaires malheureux, la malveillance pourrait tirer des publications que fait annuellement la Banque, je vous invite désormais à me communiquer, avant de la livrer à la publicité, la partie concernant l'État, afin d'éviter que l'esprit public ne soit faussé.

Il importe que, sans y songer assurément, la Banque, un des principaux établissements de crédit de la République, ne cause des embarras à la situation financière du pays.

J'en prends occasion, Monsieur le Directeur, pour vous renouveler l'assurance de ma considération distinguée.

F. MARCELIN.

Port-au-Prince, le 9 juin 1894.

Au Directeur de la Banque Nationale d'Haïti.

MONSIEUR LE DIRECTEUR,

Je vous accuse réception de votre dépêche du 5 juin au n° 841.

Je ne suis malheureusement d'accord avec vous sur aucun des points y énumérés. Je vous réfère aux articles 17 et 18 du contrat de la Banque, qui sont absolument clairs et ne peuvent être interprétés de différentes façons.

« ART. 17. — Le compte Recettes et Paiements qui s'établira entre le Gouvernement et la Banque par suite de ce service de trésorerie sera arrêté et balancé tous les mois. Les sommes qui peuvent en résulter au débit du Gouvernement seront portées au compte du crédit que la Banque s'engage à faire à l'État. Ce crédit pourra s'élever à la somme de *trois cent mille gourdes*.

« ART. 18. — L'État délivrera à la Banque, jusqu'à concurrence des sommes dont il sera débiteur envers elle, des reconnaissances à cent vingt jours de la date de leur création. Le compte spécial des avances de la Banque sera réglé et balancé tous les quatre mois. Les sommes ainsi avancées porteront *un intérêt fixe de 6 0/0 par an.* »

Il ressort de ces textes que l'article 17 traite du compte Recettes et Paiements — Ce compte s'arrête et se balance tous les mois. – Toutes les sommes qui peuvent en résulter au débit du Gouvernement seront alors portées au crédit que la Banque s'engage à faire à l'État.

Quel est ce crédit ?

Le prêt statutaire, soit $ 300,000.

L'article 18 traite du prêt statutaire et règle que ce compte spécial des avances de la Banque sera réglé et balancé tous les quatre mois. — Réglé et balancé, des reconnaissances à cent vingt jours de vue, portant intérêt à 6 0/0 l'an, seront délivrées à la Banque.

Il résulte donc que tous les mois le compte Recettes et Paiements sera balancé et les valeurs avancées par la Banque portées au compte spécial « avance statutaire ». Ce dernier compte ne pourra être arrêté et balancé que tous les quatre mois et des reconnaissances à cette date seront délivrées.

Les textes étant absolument clairs, je vous retourne donc, Monsieur le Directeur, le modèle de bon que vous m'avez envoyé et vous invite à contrepasser au crédit du compte « Recettes et Paiements » la valeur de $ 2,954.25 dont l'État a été débité au 1er juin pour les intérêts et la commission.

Veuillez recevoir, Monsieur le Directeur, l'assurance de ma considération distinguée.

F. MARCELIN.

SECTION
DES FINANCES

N° 803

Port-au-Prince, le 1er septembre 1894.

Au Sénateur P.-A. Stewart,

Paris.

MONSIEUR LE SÉNATEUR,

Dans une note que vous avez bien voulu faire parvenir à S. Exc. le Président de la République, la Banque Nationale d'Haïti exprime, d'une manière aussi pressante que cela lui est permis, le vœu de vous voir donner de pleins pouvoirs pour traiter de l'augmentation du prêt statutaire.

Cette augmentation étant un fait accompli, — un télégramme ayant porté à la connaissance du Gouvernement qu'à la date du 9 août dernier l'Assemblée générale des actionnaires de la Banque avait élevé le prêt statutaire à 600,000 piastres, — il ne s'agit donc que de la convention à intervenir.

Le Gouvernement, à cet effet, vous donne tout pouvoir dans les limites ci-dessous :

Vous ne perdrez pas de vue que déjà l'augmentation du prêt statutaire à 500,000 gourdes avait été offerte par la Banque elle-même sans conditions, ou plutôt sous la seule condition de la liquidation de la balance au 30 septembre 1892, liquidation qui avait été la préoccupation constante du Gouvernement.

Rien ne devra être changé aux dispositions du contrat constitutif qui règle le compte de l'avance statutaire. Toutefois, si la Banque désire, pour se couvrir des variations du change, que cette avance soit réglable en or, elle devra verser l'augmentation effectivement en or et rembourser au Gouvernement la différence de la prime sur les $ 300,000 déjà versées.

La Banque s'engagera, si la nécessité s'en faisait sentir au Gouvernement et s'il le demande, à donner ses soins à la formation d'un syndicat en vue du renouvellement d'une convention budgétaire destinée à effectuer le paiement des appointements, solde, ration, etc.

Il sera entendu que les frais de transport de fonds dans les provinces et *vice versa*, nécessités par le service de trésorerie, qu'il s'agisse de billets ou d'or, resteront à la charge de la Banque. Toutefois, il ne pourra y avoir ni réclamation, ni répétition pour les frais antérieurement perçus par elle.

Dans ces conditions nettement déterminées, le Gouvernement, Monsieur le Sénateur, vous autorise à signer la convention relative à l'augmentation du prêt statutaire à 600,000 piastres. Il vous charge, en outre, d'exprimer au Siège social tous ses remerciments du vote de l'Assemblée générale des actionnaires, vote qu'il considère comme le gage des bonnes dispositions de la Banque envers le pays.

En retour de cet esprit de conciliation qu'il apprécie hautement, le Gouvernement vous prie de donner l'assurance au

Siège social que sa ferme volonté est le maintien de l'entente et de l'harmonie la plus complète entre la Banque et lui.

Veuillez agréer, Monsieur le Sénateur, l'expression de ma haute considération.

F. MARCELIN.

———————

BANQUE   NATIONALE
d'Haïti

49, rue Taitbout, 49
PARIS

Paris, le 20 juillet 1894.

NOTE

Le Conseil n'avait jamais entrevu la possibilité d'aller plus loin que *deux cent mille* gourdes dans la proposition d'augmentation du crédit statutaire. En proposant aujour=d'hui d'élever cette limite à 300,000 dollars, il espère que le Gouvernement voudra bien apprécier l'esprit de conciliation qui anime la Banque, et auquel il n'a pas été fait appel en vain.

Le Conseil a eu pour particulièrement agréable aussi dans la circonstance de déférer à un désir personnellement exprimé par le *Chef de l'Etat*.

Il se permet d'exprimer d'une manière aussi pressante que cela lui est permis, le vœu de voir donner de pleins pouvoirs pour traiter à l'intermédiaire officieux et très obligeant de la présente note.

Comme il est possible que les instructions et pleins pouvoirs à cet effet ne puissent parvenir pour la date du 9 août, le Conseil n'en demandera pas moins à l'Assemblée géné-rale extraordinaire qui se tiendra à cette date les pouvoirs suffisants pour traiter ultérieurement sur les bases suivantes :

1° Le crédit statutaire, après approbation et autorisation de l'Assemblée générale extraordinaire des actionnaires, serait augmenté de 300,000 dollars payables et remboursables en or américain. Les 300,000 gourdes du crédit statutaire actuel seraient converties en or au taux du jour, rien n'étant changé aux autres dispositions du contrat constitutif qui règlent le compte de l'avance statutaire;

2° La Banque s'engagerait à faire tous ses efforts et à user de son influence, si le Gouvernement le désirait, pour former un syndicat en vue de renouveler une convention budgétaire destinée à assurer comme précédemment le paiement régulier des appointements, solde, ration et subvention, contre garantie des droits d'importation, étant bien entendu qu'en raison du doublement du crédit statutaire dont il s'agit plus haut, la Banque ne pourrait assumer pour elle-même qu'une partie des engagements de cette convention;

3° Désormais, les frais de transports de fonds à la côte ou *vice versâ* nécessités par le service de la Trésorerie, qu'il s'agisse de billets ou d'or, seraient à la charge de la Banque sans qu'il puisse y avoir réclamation ou répétition pour le passé ;

4° La Banque jouirait du privilège exclusif, dont elle pourrait user immédiatement dans l'intérêt du commerce d'exportation, d'émettre des billets de Banque remboursables à présentation en or américain, en coupures de 1, 2, 5, 10, 20, 100 et 200 dollars. Ces billets seraient reçus dans les caisses publiques, notamment en paiement de ceux des droits de douane qui se paient actuellement en or américain. Les autres dispositions des articles 9, 10, 11 du contrat constitutif leur seraient applicables, sauf pour le chiffre des coupures déterminé plus haut.

Nota. — Les coupures de 1 et 2 dollars étant les seules consacrées par l'usage à Haïti, la Banque y tiendrait essentiellement; mais il va de soi qu'elle ne ferait que des émissions graduelles, modérées, suivant les demandes et les besoins du commerce, et toujours remboursables, cela va sans dire, à vue et au porteur;

5° Les coupures des billets *gourdes* de la Banque seraient abaissées à 1 et 2 gourdes ;

6° Le Gouvernement, en raison de l'entente survenue, voudrait bien retirer le projet de Banque de Port-au-Prince, ou du moins l'amender essentiellement dans ceux de ses acticles désignés ci-dessous en note (1) relatifs à l'émission des billets ou bons en or, et à certaines attributions de la Trésorerie, de telle façon que, d'une part, les actionnaires de la Banque fussent entièrement rassurés sur l'intégrité de leur contrat et que, d'autre part, dans l'intérêt même du pays, le principe de *l'unité de Banque d'Emission* qui est une grande sauvegarde, fût consacré, ainsi que du reste il a été dans la pensée des contractants dès l'origine.

SECTION
DES FINANCES

N° 808

Port-au-Prince, le 3 septembre 1895.

Au Sénateur P.-A. Stewart, Paris.

Monsieur le Sénateur,

Pour faire suite à ma dépêche du 1er septembre par laquelle le Gouvernement vous donne dans des limites nettement arrêtées les pouvoirs que vous avez demandés, j'ajoute ces quelques lignes pour expliquer notre refus de prendre en considération la demande de la Banque concernant le retrait du projet de loi de la Banque de Port-au-Prince et le privilège de l'émission des billets en or.

Il n'est pas nécessaire, à notre avis, de retirer ce projet de

---

(1) Art. 9 ; art. 2, § 2 ; art. 12 ; art. 16, § 3.

loi de la Banque de Port-au-Prince, retrait qui pourrait entraîner de nouvelles discussions et donner au public une opinion défavorable du Gouvernement. Ce projet, du reste, ne peut inspirer aucune inquiétude, personne ne songeant à le reprendre.

L'émission des billets en or constituerait un nouvel avantage concédé à la Banque, avantage en retour duquel l'Etat n'obtiendrait aucun dédommagement.

En effet, à supposer seulement que cette émission ne s'élève qu'à un million de dollars (il est certain qu'elle dépassera avec les besoins de l'exportation un million et demi), ce sera un capital de $ 667,000 assuré à la Banque, l'encaisse, selon les statuts, ne devant être que du tiers, soit 333,000 dollars. Ce nouveau privilège ne peut être envisagé que dans l'hypothèse que ce capital, qui ne coûte rien absolument à l'établissement, soit prêté, en majeure partie, à l'Etat, moyennant intérêt de 6 0/0.

Persuadé que l'importance de ces observations ne vous échappera pas, je vous prie d'agréer, Monsieur le Sénateur, l'expression de ma haute considération.

F. MARCELIN.

BANQUE NATIONALE D'HAITI

Paris, le 13 novembre 1894.

Monsieur Stewart, Sénateur, Paris.

MONSIEUR LE SÉNATEUR,

. . . .

En admettant la limite éventuelle de $ 600,000, nous avions déjà atteint le maximum de ce qu'il était possible d'obtenir des actionnaires. Ce chiffre est celui que le Gouvernement et Son Excellence elle-même réclamaient avec insistance. Nous étions donc légitimement fondés à penser qu'en l'accordant toutes les difficultés s'aplaniraient, et que le Gouvernement autoriserait purement et simplement l'émission des billets *or* dont il s'agit. Il n'en est malheureusement rien, et nous voyons se manifester une exigence nouvelle et inattendue qui dépasse les pouvoirs que nous tenons de l'Assemblée.

Dans ces conditions, nous ne pouvons passer outre; toutefois, le Conseil, soucieux de pousser l'esprit de conciliation aussi loin que possible, a recherché s'il ne pourrait pas, dans la limite des autorisations qu'il a reçues, faire une dernière concession. Il serait donc disposé — une fois que le privilège d'émission des billets or aurait été consacré au profit de la Banque par une loi ou par un nouveau contrat, sanctionné par la loi — à s'engager à restreindre, quant à présent et jusqu'à nouvel ordre, l'émission de ces billets à un chiffre déterminé, tel que $ 300,000 or par exemple.

Cette restriction nous semble devoir faire taire toutes les objections qui ont pu être faites contre notre émission éventuelle de billets de banque *or américain*.

Le Gouvernement, ainsi que vous avez bien voulu nous le proposer de sa part, aurait aussi à déclarer qu'il abandonne le projet de « Banque de Port-au-Prince » et qu'il ne le soutiendra plus aux Chambres, de manière à rassurer les actionnaires sur l'intégrité de leur contrat.

Le Président
du Conseil d'administration,
E. LEHIDEUX.

L'Administrateur délégué,
C. MONTFERRAND.

SECTION
de la
COMPTABILITÉ
—
N° 252
—

Port-au-Prince, le 14 décembre 1894.

Au Directeur de la Banque Nationale d'Haïti.

MONSIEUR LE DIRECTEUR,

Je vous accuse réception de votre lettre du 12 courant n° 879, par laquelle vous vous engagez, conformément à l'entente verbale qui a eu lieu entre nous, à payer les appointements du mois de novembre moyennant 1/2 0/0 (demi pour cent) de commission extra sur ces paiements.

Nous sommes parfaitement d'accord. Durant l'intérim de la direction et pendant plusieurs mois, le département des finances a agi ainsi, d'un commun accord, avec la Banque, pour Port-au-Prince et la province. Avant le paiement du nouveau mois, le dernier, ainsi que vous avez pu le constater, était entièrement liquidé. Et si, à votre retour, vous avez trouvé le 11 décembre, dans la note hebdomadaire, une avance de $ 30,000 environ non soldée, cela a tenu à ce que les recettes de la semaine avaient été très mauvaises.

Déjà, je vous ai fait hier une communication verbale lors de votre visite, sur la nécessité absolue qu'il y a de payer les mois de novembre et de décembre vers le 20 de ce mois au plus tard.

Vous m'avez promis de me donner une réponse; mais je viens de nouveau, le temps pressant, appeler votre attention sur cette question, qui est d'un ordre tellement élevé qu'elle ne saurait vous échapper.

Je n'ai pas le moindre doute que la Banque ne donne son concours le plus actif en cette circonstance au Gouvernement. Vous savez, Monsieur le Directeur, que les recettes à l'importation des mois de décembre et de janvier réunis, dépassent un million de gourdes.

La Banque serait donc largement couverte de cette avance, puisqu'elle aurait en mains un gage plus que suffisant, et que le paiement du mois de janvier ne commence que le 10 février.

Je profite de cette occasion pour vous demander votre adhésion à la proposition concernant la dette extérieure et la dette intérieure.

Les questions dont j'ai l'honneur de vous entretenir en ce moment sont d'une telle importance, qu'il y va de l'intérêt commun, tant de la Banque que du Gouvernement, de les régler le plus vite possible.

Recevez, Monsieur le Directeur, l'assurance de ma haute considération.

F. MARCELIN.

<table>
<tr><td>SECTION
de la
COMPTABILITÉ
—
N° 258
—</td><td>Port-au-Prince, le 17 décembre 1894.</td></tr>
</table>

PRÉSIDENT,

J'ai l'honneur de vous prier de trouver sous ce pli copie d'une lettre que j'ai adressée au Directeur de la Banque Nationale d'Haïti.

Ce que je réclame de la Banque pour le service de la solde, de la ration et des appointements de décembre, est une chose qui s'est toujours pratiquée à chaque fin d'année, et qui est parfaitement faisable. Le Directeur de la Banque n'en a pas disconvenu dans la conversation que nous avons eue ensemble; mais je ne dois pas cacher à Votre Excellence qu'il m'a nettement avoué que la difficulté se trouvait dans le peu de confiance que j'inspire au Siège social, qui persiste à me regarder comme un adversaire de la Banque. Dans ces conditions, il m'a déclaré ne pouvoir s'engager avant d'en référer par câble au Siège social, ce qu'il a promis de faire le jour même.

J'ai l'honneur de vous prier, Président, d'agréer l'hommage de mon respect et de mon dévouement.

F. MARCELIN.

Port-au-Prince, le 21 décembre 1894.

A Son Excellence le Président d'Haïti.

Président,

Vous êtes au courant de la situation difficile qui m'est faite actuellement près de la Banque Nationale d'Haïti.

Il n'y a pas bien longtemps, en Conseil des Secrétaires d'État, une communication officielle constatait que la Banque voyait en moi un adversaire contre lequel il fallait se tenir en garde.

Le Directeur de cet établissement me l'avouait lui-même avec franchise, ajoutant que ses instructions étaient telles qu'elles ne lui permettraient pas, tout le temps que je serais à la tête du Département, de faire le moindre crédit à l'État. Il se hâtait de m'en donner la preuve en refusant les fonds pour le service privilégié de décembre. Ce n'est pas que la Banque ait la moindre crainte pour ses intérêts, les importations de décembre et de janvier dépassant du double les avances demandées. Elle agit ainsi parce qu'elle trouve logique de profiter des avantages de sa situation en face d'un Secrétaire d'État qui eut la téméraire pensée d'un établissement de crédit en concurrence au sien et lui fit sentir quelque inquiétude.

Dans ces conditions, je ne saurais être une entrave à la

marche de votre Gouvernement. L'état précaire de nos finances nous fait le devoir de tenir compte de certaines considérations. J'ai la conviction que la Banque ne s'entendra pas avec moi ou qu'elle me fera payer chèrement et au détriment des intérêts de l'État les plus légères concessions. Il appartient donc à Votre Excellence de trancher la question dans l'intérêt du pays et du Gouvernement.

C'est ce que je vous prie de faire sans retard.

Je vous renouvelle, Président, l'hommage de mon inaltérable dévouement.

F. MARCELIN.

Quelques jours après, le 25 décembre, la situation se dénouait par la retraite du Cabinet tout entier.

4173. — Paris, Société anonyme de l'imprimerie Kugelmann (G. Balitout, directeur), 12, rue de la Grange-Batelière.